愈民法五十載

梁慧星先生

八十寿辰纪念画册

中国法制出版社

CHINA LEGAL PUBLISHING HOUSE

本书插画均由梁慧星老师的孙女尧尧绘制；照片由梁慧星老师及夫人摄制，也有学生亲友提供。

目录

讀書改變人生

青神縣圖書館漢陽分館開館紀念

中國社會科學院學部委員

梁慧星書

俞民法五十載

第一卷

『读书改变人生』

梁慧星

1944 年 1 月 16 日出生在四川省眉山市青神县汉阳乡梁村。家庭成分：下中农。1949 年至 1955 年在青神县汉阳乡中心小学读书。1955 年 7 月小学毕业，在家务农一年。1956 年考入青神县中学。

1962 年中学毕业，考入西南政法学院法律系本科。1965 年加入共青团。1966 年大学毕业，在校参加文化大革命运动。1968 年 12 月分配到云南省昆明市农用轴承厂工作，先后担任过政工干事、劳资干事、工会宣传干事。1971 年加入中国共产党。

1978 年 10 月考取中国社会科学院研究生院法学系民法专业硕士研究生。1981 年 10 月研究生毕业，获法学硕士学位，留在中国社会科学院法学研究所民法经济法研究室从事民法学研究。

走进沙滩北街十五号

梁慧星

沙滩北街，是京城景山东侧一条南北走向、长不足百米、极其冷僻的小街。北端与沙滩后街相交处有一座小院，即是国内外闻名的沙滩北街十五号，中国社会科学院法学研究所之所在。院门东向，与街左的文化部大院后门相正对。我有幸于十一届三中全会召开同年之十月，进入这座朴实无华的小院。惊异于其中人我关系之平等、尊重、友善，以及学术自由、思想自由之氛围。遂浸淫其间，历三十寒暑，虽衰发满帻，亦不弃不离，不改其乐。回首往事，仍有感慨于当初走进这座小院之匪易。

中国社会科学院法学研究所（沙滩北街十五号）

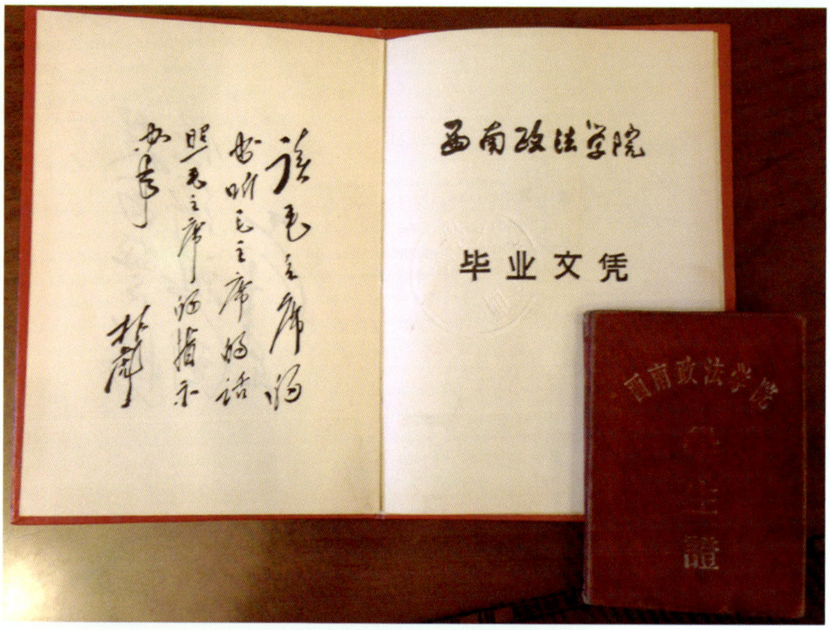

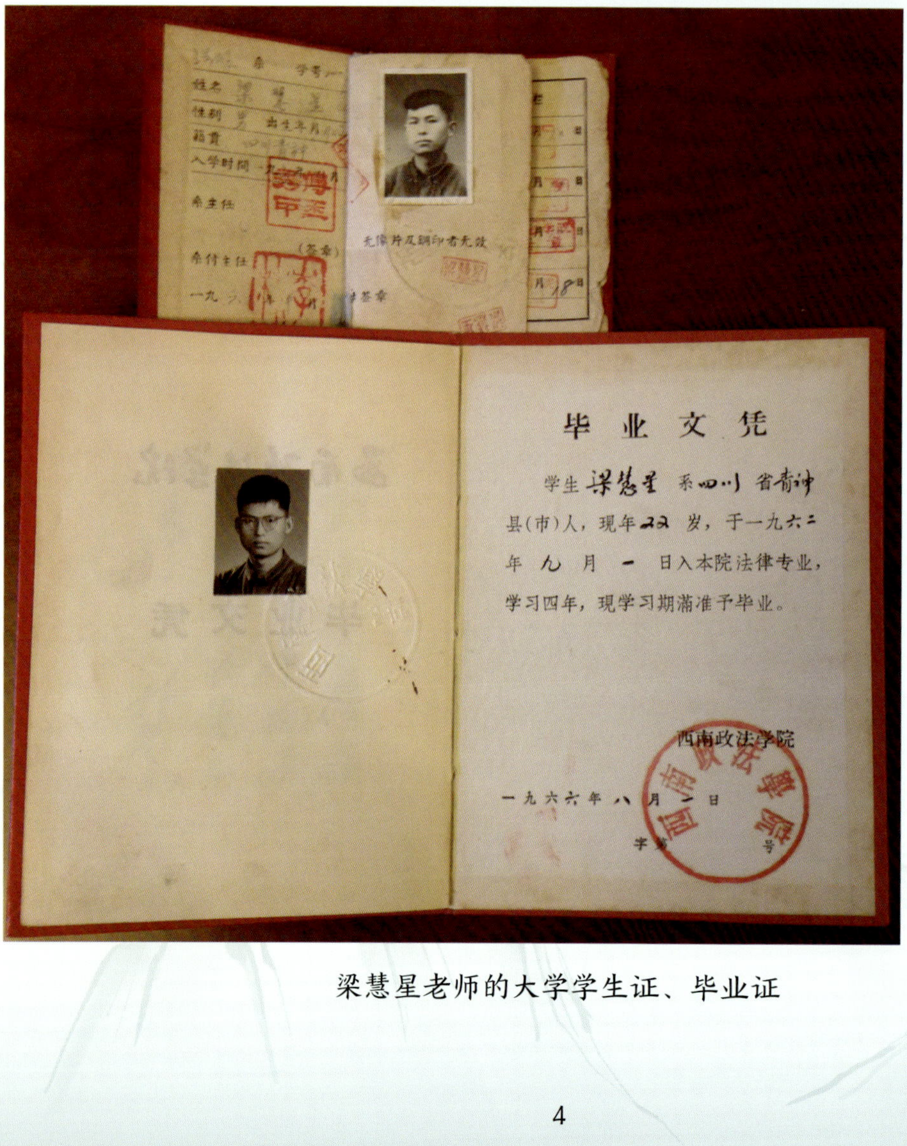

梁慧星老师的大学学生证、毕业证

我的大学

我于1962年在四川省眉山县青神中学以全优成绩毕业，在县中学考场参加高考。高考分理工、农医和文科三类。当时风尚，重理轻文。有“学好数理化，走遍天下都不怕”之学谚。班主任倪海光老师动员我报考理工，他说：“你考理工一点问题都没有，考文科就不保险，文科招生少。”我不听班主任的劝告，执意报文科。在填志愿表时，从北京大学中文系到四川师范学院中文系，凡可报的中文系全填上了，剩最末一个志愿，填了四川行政学院充数。倪海光老师踱到我课桌前，低头看看我的志愿表，皱了皱眉头，没有说话，用两个手指头点着我填的四川师范学院和四川行政学院，然后做了个交换的手势。我心想：交换就交换，难道我真的就进这个学校不成！于是把四川行政学院由普通校最末换到普通校第一。殊不知就这一换，注定了我的文学梦的破灭。我真的收到了四川行政学院的录取通知。

我被录取在四川行政学院法律系政法公安专业。进校第二年，政治系撤销，仅保留了法律系。此后又恢复了西南政法学院校名。所学习的专业课程，唯宪法学和婚姻法学有正式教材。宪法学教材的作者是王珉、王叔文。作为专业基础课的民法学，已经改名为“民事政策学”。同样，刑法学改名为“刑事政策学”。自编的民事政策学教材和刑事政策学教材，薄薄的两小本，是当时民事政策、刑事政策的资料汇编，既没有法律，也没有理论。本科四年真的没有学到什么法律知识，所幸毕业前有三个月实打实的实习。

没有料到，实习返校，马上就传达了“五一六通知”，宣布停课闹革命。我辗转被分到了昆明市重工局所属农用轴承厂，厂址在昆明东郊大板桥，距市区 20 公里。我在轴承厂工作的十年，经受了各种磨炼。对于计划经济条件下的实际工业生产有了感性认识，对社会底层的人们有了较深了解，同时也认识了自己。

记校友小聚嘉丽泽
欣逢毕业赴昆五十周年

嘉陵江畔经风雨，披星戴月来滇池。
人生岁月如流水，五十年间一弹指。
人生犹如一场戏，谨依剧本念台词。
人生好比一盘棋，小卒过河曾当车。
窗外青山依旧在，满座鬓发已成丝。
酒饭莫笑廉颇老，伏枥老骥犹奋蹄。
今宵莫谈楼市涨，共话巴山夜雨时！

二〇一八年九月六日

2018 年，梁慧星老师和西南政法老同学李锡昆

西南政法老同学

准备考研

1978 年国家决定恢复研究生招生，第二批招生专业目录公布，其中有法学专业。这时母校张序九老师来信，鼓励我报考。法学专业，仅北京大学和中国社会科学院两个单位招生。谨遵张序九老师建议，我填报了中国社会科学院法学所民法学专业。当时国家的政策，工作单位应当给考生一个月假期备考。斟酌自身境遇，便未向厂领导请求。好在张序九老师寄来了 50 年代教材，并托云南大学屈野老师辅导。我一边工作，一边备考，感觉时间飞快。还曾突发奇想：如果人类一日一餐，三日一睡，当可节省多少时间用于工作学习。

考生之进考场，犹如将军临阵。文革后第一次研究生考试，更是如此。昆明市研究生招生考场，设在官渡区小学，教室桌椅均很破旧。尽管头天已经探场，熟悉路径。但开考进场仍极紧张。我的课桌靠墙，瞥见右手邻桌考生带了两个药瓶，其紧张程度更胜于我，于是紧绷的神经稍稍松弛。两天四场：作文、外语、法理、民法。考完回到家，即瘫倒在床，四肢无力，浑身酸痛，脑子一片空白！待稍缓过神来，逐科回忆，自觉法理、作文、民法均可，而外语很差，是在预料之中。犹记得民法考试论述题：“论合同制度”。

收到法学研究所的复试通知。考试成绩：作文 88 分；外语 37 分；法理 70 分；民法 90 分。与自己估计的吻合。于是向厂里请假，进京参加复试。乘坐 62 次特快，行驶 61 个小时，于第三日晚 9 时 30 分抵达首都北京。不禁心潮起伏，浮想联翩。通过长长的地道，走出北京站，放眼望去，夜色朦胧，路灯黯淡，车少人稀。社科院复试在北太平庄北京师范大学，今夜如何安排？稍事踌躇，即决定露宿街头。用两张报纸铺地当床，行李袋做枕，仰卧在位于北京站街与北京站东街交义街口的一家餐馆檐下。环顾两侧露宿者，无非失路之人，尽是他乡之客。旅途劳顿，一夜无梦。北京之夏，四时天晓。于是起身，收拾报纸，让出人行通道，手提行李袋，出北京站街，转建国门内大街向西，过东单，沿东长安街前行，过王府井南口，过南河沿、南池子，抵达天安门广场，见神圣城楼两侧红旗在晨风中轻轻摆动，遂在中国历史博物馆北花坛边公用水管龙头洗漱，然后到位于正阳门城楼东侧 22 路公共汽车站，乘车经新华门、西单、西四、新街口，至北太平庄北师大社科院复试报名处报到。

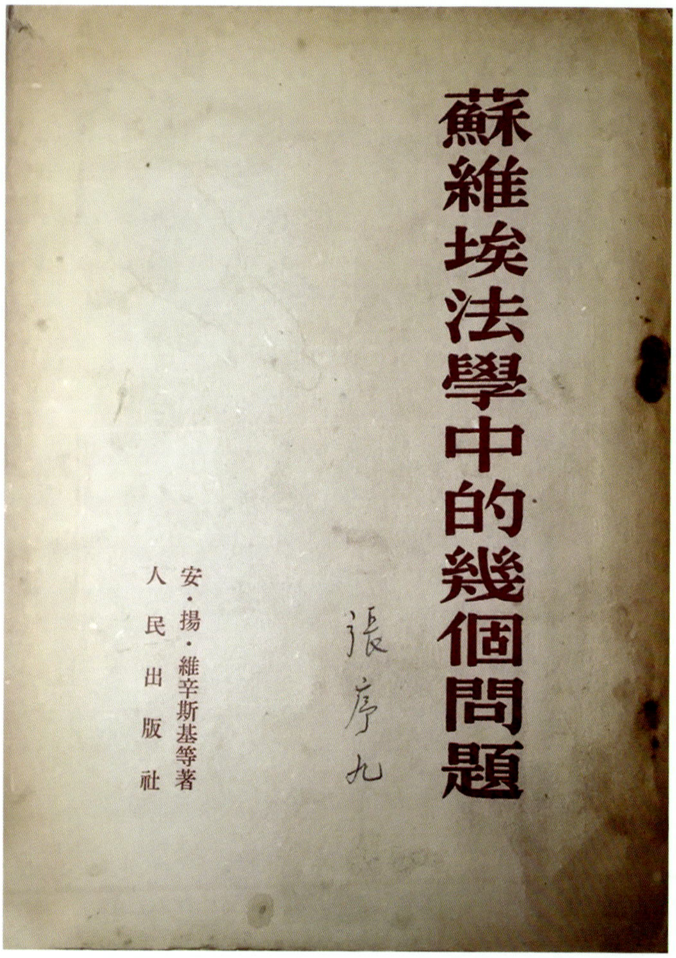

梁慧星老师语：当年张序九教授鼓励我报考中国社科院研究生并建议我报考民法学专业，认为国家改革开放，发展社会主义商品经济，需要民法，需要民法典。这是张老师送我备考的书籍之一。

梁慧星老师当年的汽车月票

通过复试

法学专业复试，分为笔试和面试。笔试在北师大，考法理和民法两科。面试在城内沙滩北街 15 号法学所院内。院门向东，进门南边一排平房，两间驻车，几间住人。北边一栋曲尺型三层灰砖平顶楼房，为法学所各研究室及机关所在，楼门南向。此楼为建筑大师梁思成早年设计作品，有南墙根碑记为证。楼前一大石碑南向，碑座乌龟和碑身体量甚大，碑文应是满文，估计小院原是一家王府。院内有几株老树，临近办公楼门口是一株杨树，石碑西侧有一株老榆树，一株老桑树。

另有几株杂树。西墙根也有一排平房。办公楼北还有一栋曲尺形三层平顶灰楼，是图书楼，楼门南向。西边一栋二层小楼，楼上住人，楼下是会议室。图书楼、西小楼与办公楼围成后院。据介绍，原是老北京大学地质地理系之所在。建筑老旧，墙壁斑驳，颇有历史感。民法专业的一位江苏考生，谈起作文中描绘心目中的法学研究所，“红墙绿瓦，雕梁画栋，金碧辉煌”，一时传为笑谈。面试在各个研究室分别进行。导师王家福老师在外地未归，由黄明川老师主持民法复试。先抽取口试题，依次进去面答，并回答主考老师随机提问。在我面试中途，一位慈祥如邻家姥姥的老人进来听考，闻是副所长韩幽桐老师，日本东京帝国大学第一位女法学博士。同事多以韩老太太呼之。老太太突然问我愿不愿意改学法理学。我报民法乃是张序九老师建议，怎好中途改变？遂勉强作答：“我还是学民法吧！”老人闻之，并不以为忤，复加以温言勉慰。恰如春风细雨，润我心田。此情此景，如在昨日！

命运之神终于向我敞开了通向中国社会科学院法学研究所的大门。不久我就收到了法学研究所正式录取通知书。就这样，我离开了生活工作十年之久、至今仍魂牵梦绕的昆明东郊大板桥的小小国企昆明市农用轴承厂，走进了紫禁城城北景山东侧的沙滩北街十五号，从此踏上了从事民法学术研究的漫漫长路。

四川省眉山市青神县汉阳古镇是个很美的地方，
有很美的天，很美的山，很美的水……
这就是梁老师的家乡。

梁慧星老师家乡的老院子

读书改变人生。梁慧星老师说：“在我小时候，乡上有一个阅览室，虽然面积不大，书也不多，可那里却是我的乐园，逐渐培养起我的阅读和学习兴趣……我的这些成绩和进步离不开故乡的培养，当年的阅览室成就了我的人生，我理应感恩回报。”

2010 年，梁慧星老师及夫人将北京市的一套住房卖掉，得房款 120 万元左右，后加上部分个人捐助款，总计大概是 160 多万元，在梁老师家乡青神县汉阳古镇买下了一个院子并建了一个图书馆交由县政府无偿使用。后来这个图书馆以民办公助的方式，列为青神县图书馆汉阳分馆。该图书馆于 2012 年 4 月 12 日正式开馆。图书馆占地面积 800 多平方米。

梁慧星老师亲笔写下汉阳图书馆的名字

梁慧星老师及夫人在汉阳图书馆前

百度上有这样一段表述：2012 年 4 月 12 日，我省首家民办公助图书馆，青神县图书馆汉阳分馆成立。建筑面积 800 平方米，藏书 1.5 万多册，按照国家公共图书馆标准实行全面免费开放。汉阳图书馆是由中国社会科学院学部委员、教授、全国人大代表、全国人大法律委员会委员，汉阳籍梁慧星教授出资修建。

梁慧星老师亲自在汉阳图书馆的院子里种下的小树

而今，图书馆的藏书量更多了。利用院子和图书馆楼内的场地，县里和镇里每年会组织举办各种培训、演出和群众性活动。

现今，有两个以梁慧星老师的名义颁发的奖学金。

其一，在梁老师的家乡青神县汉阳图书馆颁发的奖学金，奖励全县高考理科、文科各前三名及汉阳镇初升高、小升初各前三名，2022 年已是第十一届了，奖金由西政珠海校友会提供。

其二，中国社科院研究生院法硕新生奖学金，奖励优秀新生。

受真教於上賢[1]

[1] 出自《怀仁集王羲之圣教序》：“承至言于先圣，受真教于上贤，探赜妙门，精穷奥业。”大意是从德才兼备的贤人那里学到了真正的教化。

愈民法五十載

第二卷

受真教于上贤

那些年，那些人，那些事，那条路[1]

梁慧星

那些年

1977年文革后中国恢复高考。当时邓小平同志决定恢复高考，同时也决定恢复研究生招生。第一届法学系招生共15人，北大当时也是招了15人。当时学校大概10月份开学，开学的时候研究生院没有可供上课的教室，就借北师大的教学楼。因为北师大暂时没有恢复招生，没有开学，所以我们1978年在北师大学习。共有两栋楼，一个是西南楼，另一个是学生宿舍楼。之后我们又搬去北京市第十中学，几经辗转，最后校址迁去望京。但是研究生院正式在望京落成的时候，我们作为研究生院第一届学生已经毕业了，有些遗憾没能在新校舍里学习。80年代后期，研究生院条件大为改善，有了教学楼，还有宿舍。

回想起来，条件非常艰苦，但是同学们学习热情高涨，都怀有赤子之心，对未来充满希望。

....

那些人

当时研究生院的领导干部和服务的工作人员数量很少，但是对学生们态度特别好。比如学生们的来往信件、家书，老师们都亲自送到宿舍。记得那时候院长是周阳老师，年龄已经很大了，所以学校实际负责人是副院长温济泽老师。温济泽老师非常慈祥，像父亲一样对待我们这些学生。他是真正的中国共产党员，真正的爱国爱党爱学生。每当温老师作报告，我们大家总是听得心潮澎湃，无比激动。温老师

[1] 选自《梁慧星：这一生，没有遗憾——中国社会科学院研究生院建院四十周年值年访谈》。

留给我印象最深的就是多次讲到写文章，强调做研究一定要动起笔来，做到笔耕不辍。老师的课讲得极为生动，引用唐诗谈论诗句，剖析结构与风格。还提出了“标新立异二月花，删繁就简三秋树”的方法，强调文章结构必须清晰且突出重点，就像冬日里北风吹皱的水面，波纹简单清晰，环环相扣。

....

那些事

求学生涯中我记忆最深刻的是一个讲座，讲座的主题我一直记得，主要内容是“商品经济是个大学校”。发展商品经济，实际上就是对过去的单一的计划经济要做某种改变，启发这种思想的就是“商品经济是个大学校”。那么“大学校”到底说明什么呢？说明的是：我们过去计划经济的经验都不再可靠，要发展商品经济我们就不能够固守过去，包括那些过去的理论。我们一定要学习商品经济，学商品经济的规律。商品经济是一个学校，全体人民都是这所学校的学生，在发展商品经济中学习什么是商品经济，学习如何实现商品经济。

这场讲座对我之后的生活和学习产生了很重要的影响。我的专业是民法，同理民法也是一所大学校，我是民法这所学校的学生，学习民法精神、民法的重要性，并用其造福人民。

....

那条路

1978 年我考民法研究生时，只有北大和社科院两个学校招法学研究生。北大专业是经济法，社科院是民法。社科院民法硕士生导师是王家福老师，老师当年招了两名学生，我和另外一个同学。另一个同学毕业后工作了，只有我仍然留在社科院。所以社科院第一届民法研究生只有我一个人。

当我进入民法领域，开始学习时，我就意识到民法的重要性。我自觉地告诉自己，将来一定要为中国制定一部优秀的民法典。我一直坚持做这一件事，一直做下来，直到现在。不久的将来，中国就会拥有一部属于自己的民法典。

研究生毕业后，我留在法学所工作。一开始做《法学研究》的编辑，然后做主编，后来给学生讲论文写作，一路上逐渐积累。到了新世纪，我开始编写《民商法论丛》，编了 20 多年。此外，我把讲课的提纲加以整理，发表在网络上。后来由法律出版社出版，名叫《法学论文写作方法》。从我当学生开始，听老师讲写文章的方法，到我做了老师仍然坚持注重方法，写作方法、教学方法、行事方法……这条路，我一直在坚持，坚持了 40 多年。

谢怀栻先生教我怎样做人（节录）[1]

梁慧星

谢怀栻先生从下放地回到北京，是在 1979 年。第一次得见先生，是在当时政法干校的一次研讨会上。先生发言虽简短，而风骨毕现。后先生在研究生院开讲外国民法课，本院两届民法、经济法研究生仅五人，但教室座无虚席，多数听众是北京各校的民法教师。先生对我的指导是，学习民法从总则和罗马法入手。当时我已精读陈瑾昆的《民法通义总则》，先生建议我再精读梅仲协的《民法要义》。先生亲自领我到本所资料室书库查找，可惜没有找到梅先生的著作，于是建议我读李宜琛的《民法总则》、王伯琦的《民法总则》、黄右昌的《罗马法与现代》和陈允、应时的《罗马法》。我按照先生的指导，精读了这些教材，并做了大量的摘录卡片。我最初的民法知识基础，就是按照先生的指导，通过精读这些民法教材奠定的。

谢怀栻先生

[1] 转载自“中国法学网”。载谢英：《谢怀栻先生纪念文集》，中国法制出版社 2005 年版。

我于 1981 年研究生毕业，进本所民法经济法研究室，先生是我做人和做学问的标竿。有整六年的时间，我与先生均住在本所后楼，先生住一层，我住三层，能够随时向先生请教。我的第一篇译作，内容是关于匈牙利民法典的修改，就是请先生审校的。对于译文中的错误，先生逐一予以改正。我已自觉到先生不仅是审校我的译作，而是在向我传授“为师之道”，我将来如果当老师，就应当像先生对我那样去对待自己的学生。

与先生相处，每每谈论民法学界的热点问题，论及一些人和事。先生都毫不隐讳自己的观点，但对事和对人是截然区分的，在指出某个理论的错误时，对持该理论的学者并无任何轻蔑之意。我记忆最深的是，八十年代中期的一天，与先生在本所后院散步，谈起当时关于民法调整对象的各种理论，先生明确指出，把民法调整对象限定在“商品经济关系”是片面的，民法不仅调整商品经济关系，还调整身份关系（亲属关系）和非商品的经济关系。同时，先生对提倡这一理论的佟柔教授表示充分的理解。

在当时的历史条件之下，强调民法是调整商品经济关系的法律，容易得到整个社会特别是国家高层领导的认同。先生的这一思想对我有深刻的影响。我在四川人民出版社出版的《民法》一书的后记中提到了这一点。后来我在纪念佟柔教授的文章中，还特别谈到这一理论对于最后在立法上确立民法的基本法地位，是功不可没的。要说真有什么“商品经济民法观”的话，是先生最先指出这一理论的偏颇。但与时下的过激论者的最大的区别在于，先生是把这一理论放在当时的历史背景中去评价其得失。这不就是我们所追求的学术批评的“客观性”和科学态度吗？！

刚才提到我 1988 年在四川人民出版社出版的《民法》一书，是我的第一本著作，全部书稿都是经过先生逐字逐句审改的。当我从先生处取回书稿时，发现其中夹了许多纸条，写着哪一页哪一段的哪一句应如何修改及理由。例如，我在原稿中将法律行为定义为关于什么的“意思表示”，先生指出以“意思表示”定义“法律行为”不妥，“意思表示”只是构成法律行为的“要素”，除“意思表示”外，还有别的“要素”。我在该书中主张“民法不是公法”，批驳当时仍占优势的“民法公法论”，也是深受先生的影响。先生曾经对我说，以列宁的那段话论证民法是公法没有道理，而且那段话的翻译也有错误。先生是在手把手地教我如何做学问。

先生不仅教我做学问，更教我做人。我与先生一起参加过多次专家讨论会，无论讨论国家立法草案或最高法院司法解释草案，先生的每一发言、每一表态，都显现出对国家、民族、人民的极端负责的精神和绝无媚态的独立的学术立场。以我四分之一世纪的学术经历和一十五年参与立法的经历，在官僚权势面前，能够不卑不亢，保持自己人格尊严的学者，真如凤毛麟角。唯先生保持了自己的人格尊严，使我领悟到什么是真学者、真学术，并决心步先生之后尘。

这里特别要谈到先生最后给我的教训。2001 年下半年，先生以带病之身参加中国政法大学的民法博士生答辩，答辩会后特地打电话给我。先生说："我有一句话要告诉你，你一定不要压制青年人"。先生谈到一位博士生在论文中对我的某个观点进行了批评，先生由此注意到不同代的学者之间的关系。先生特别谈到现在年轻一代民法学者已经成长，他们身处前人所没有的学术环境，有比较扎实的民法基础，掌握一门甚至几门外语，曾出国留学，直接接触外国第一手资料，他们的知识已经超过前人，能够发现前人的不足和纠正前人的错误。先生主张真正的学术批评，青年学者可以批评中年一代学者、老年一代学者，中年一代和老年一代学者对青年学者不要压制。

先生特别告诫我说："千万不要因为他批评了你，你就压制他，无论如何，你一定不要压制青年！"我当即向先生保证：我绝不压制青年。我说："请您放心，我是照您的标准做人，我绝对不会做压制青年人的事！"当时我也很动情，是在向先生发誓。我将信守我的誓言！

先生给我的另一个"教训"是："让别人去批判！"2002 年下半年，我知道与先生见面机会已不多，我分别在国庆节、新年和春节三次去看望先生。在新年去看望先生时，我主动谈及论战中的一些事，先生对我说："你要让别人去批判！"先生这句话，使我忆起先生曾经给我谈过的在监狱中的经历。先生告诉我，刚被投入监狱时也思想不通，是一位老狱友的开导使先生恢复了生活的勇气。于是先生托人买了俄文版《毛主席语录》，在狱中开始自学俄语。在劳动改造中，担任先生所在小组组长的年轻刑事犯人要向上汇报先生的"反动言论"，问先生拿什么去汇报，先生回答说，你就汇报说"谢怀栻散布反对斯大林的言论"。当时中苏两党交恶，小组长这样汇报后，上面就不再收集先生的"反动言论"了。先生告诫我，"让别人去批判”，使我联想到先生在逆境中的处世态度，于是恢复了平静的心情。

先生驾鹤远行之时，适逢京华“非典”猖狂。我未能参加先生的告别仪式，是为终生遗憾。但先生给我的遗训，我将铭记不忘，遵行不二！

2003 年 8 月 15 日

1994 年夏，民商法博士生与导师及法学系老师一起为谢怀栻老师过生日。

地点：西直门谭府大酒店。

难忘的 1979 – 1986

——为祝贺导师王家福先生八十大寿而作（节录）[1]

梁慧星

王家福先生

引子

改革开放的第一个十年，中国法学界发生了三件大事。一是法学研究所召开民法经济法学术座谈会，形成所谓“大经济法观点”与“大民法观点”的两个对立观点，引发民法学经济法学两大学科旷日持久的学术论争；二是立法机关启动第三次民法起草，后因立法方针变更，改为“先制定单行法”，中途解散起草小组、暂停民法起草；三是执行“先制定单行法”方针遭遇立法“瓶颈”，立法机关制定民法通则，招致经济法学界的猛烈批判，最终排除重重阻碍获得成功，成为中国迈上民权法治

[1] 转载自“中国法学网”。载孙宪忠主编：《王家福法学研究与法学教育六十周年暨八十寿诞庆贺文集》，法律出版社 2010 年版。

之路的里程碑，是中国特色社会主义法律体系的奠基石。

1. 民法经济法座谈会

（1）经济法概念的提出

中国在粉碎四人帮之后，纠正十年文化大革命及左的思想路线错误，拨乱反正，将国家生活的重心转移到经济建设上来，重新重视法律手段在国家治理和国民经济建设中的重要作用，陆续制定了若干调整经济关系的立法。1978 年 5 月，胡乔木同志发表了《按照经济规律办事、加快实现四个现代化》一文，其中论及加强“经济立法与经济司法”。[1]1979 年第五届全国人大二次会议上叶剑英同志的讲话，第一次提及“经济法”的概念。但从叶剑英同志的讲话内容来看，他所谓“经济法”，并无作为独立法律部门的含义，而是民法、民诉法、婚姻法、计划法、工厂法、能源法、环境保护法等有关经济的法律法规之总称。[2]

当时改革方向尚不明朗，正所谓“摸着石头过河”，恰在此时，苏联拉普捷夫的现代经济法学理论被介绍进来，以致有相当一部分学者（包括民法学者）认为中国的经济改革应该沿着苏联的方向，强化指令性计划和行政管理，坚信民法属于资产阶级的法律，不能适应社会主义经济关系法律调整的要求，应当被一个新的法律部门所取代。加之法学教育和法学研究在长期中断之后刚刚恢复，还不可能为国家立法提供关于法律体系、法律部门划分等方面的科学理论，导致当时一些领导同志对“经济法”概念的错误理解。据说彭真同志讲过“经济法是基础法，是最重要的法”。[3]

在当时的特殊历史背景之下，许多法学者将一些领导同志讲话中所说的“经济法”与苏联现代经济法学派所谓“经济法”直接挂钩，认为国民经济应当由一个崭新的法律部门统一调整，建议国家制定经济法典或经济法纲要，建议取消民法或者将其贬为个人关系法。在短时间内迅速造成经济法学的虚假繁荣。[4]

当时王家福先生担任法学研究所民法经济法研究室主任，经常与同志们讨论民法的前途、经济法的调整对象、民法与经济法的关系及社会主义的法律体系构建这些问题，认为国家立法必须有科学理论作为依据和指导，否则经济立法一旦迷失方向、步入歧途，必将给改革开放和四化建设带来难以补救的危害。

（2）全国法学规划会议

1979年3月21－31日，中国社会科学院法学研究所在北京召开了“全国法学规划会议”。有全国法学研究机构、政法院系、中央和京津沪等地政法机关共46个单位的129位代表出席会议。中国社会科学院党组成员、副秘书长兼法学研究所所长王仲方同志[5]作了题为《解放思想，面向实际，繁荣法学，努力为四个现代化服务》的报告。会议讨论制定了《全国法学研究（1979－1985）发展规划纲要》。中国社会科学院副院长于光远同志到会讲话。最后全体代表还听了中央领导同志的重要讲话。[6]

于光远同志在讲话中，特别谈到社会科学的历史使命。他说：“我们的国家正在为本世纪末把我国建设成为四个现代化的社会主义强国而奋斗。为了完成这样伟大的历史任务，社会科学各个领域都要作出自己重大的贡献，其中就包括法学。”法学研究者不仅要撰写科学论文和学术著作，还要“对立法工作、司法工作等提出的实际问题进行研究，写成研究报告，提出有科学论据的意见”；法学研究者要主动进行立法研究，“哪个法要立，哪个法不立，哪些法先立，哪些法后立，问题一大堆。立法工作免不了都要找到我们法学工作者头上来，我们要采取主动，做好这方面的准备”；于光远同志还特别指出，法学研究应该“独立思考，只服从真理”，“只能服从真理，不能服从错误”。[7]

正是在法学研究所学习贯彻“全国法学规划会议”精神的过程中，王家福先生提出了召开学术研讨会推进民法经济法学术研究，主动为国家经济立法做好理论准备的建议，得到了研究室同志们的赞同和法学研究所领导的支持。

（3）民法与经济法学术座谈会

在经过充分筹备之后，于1979年8月7－8日，在沙滩北街15号中国社会科学院法学研究所（后院西小楼底层会议室兼饭堂），召开了挑起中国民法学经济法学论争的、已载入中国法制史册的“民法与经济法学术座谈会”。座谈会预设三个问题：（一）我国应制定什么样的民法，即民法的调整对象是什么？（二）如何处理民法与经济法的关系？（三）中国应建立什么样的立法体系？应邀参加座谈会的有在京的政法院系、财贸学院的法学理论工作者和政法机关的实际工作者50多人。与会同志就制定民法的重要性、制定什么样的民法，以及民法与经济法的关系问题，进行了热烈的讨论。

（4）“大经济法观点”与“大民法观点”

两天的讨论会，从始至终大家都发言踊跃、气氛热烈，并形成了相互对立的两派理论观点。也有一些参加者犹豫不定，未明确表示自己的立场。相互对立的两派理论观点，当即被赋予了“大经济法观点”和“大民法观点”的称谓，并在会后演化成了民法学与经济法两个学科之间长达七年之久的学术论争。

所谓大经济法观点，主张经济法是调整国家机关、企业、事业单位和其他社会组织内部及其相互之间，以及其与公民之间，在经济活动中所发生的社会关系的法律规范的总称。经济法是国家领导、组织和管理经济的重要工具，是社会主义法律体系中的一个崭新的独立法律部门。而民法则只调整公民个人之间的财产关系和人身非财产关系。

所谓大民法观点，主张凡是横向的经济关系包括社会主义组织之间、社会主义组织与个人之间以及个人与个人之间的财产关系，均由民法调整。经济法仅调整纵向的经济管理关系，并认为经济法不构成独立的法律部门。

会上主张大经济法观点的是北京大学的魏振瀛先生、北京市委党校的齐珊（刘岐山）先生、北京政法学院的江平先生和法学研究所民法经济法研究室的余鑫如先生。[8]

魏振瀛先生说：“我的初步意见是制定若干基本法。每一个基本法作为调整一定领域的经济关系的基本准则。其中有些是涉及全局性的。例如，企业法，主要规定企业在财产和经营管理上的职责、权利和义务，企业和其主管部门的经济关系。计划法，主要规定国民经济计划管理的原则和办法，计划调节和市场调节的关系。合同法，作为调整社会主义组织之间的经济关系的基本法。此外，还应结合有关经济部门制定相应的基本法。”“民法主要调整公民个人之间的经济关系和一定的人身关系。个人与社会主义组织之间的经济关系，有些可以由民法调整（如损害赔偿），有些可以参照适用经济法规的有关部分。”[9]

齐珊先生主张：“我们首先要解放思想，敢于突破《拿破仑法典》以来所形成的民法概念。作为中华人民共和国的法律体系和法律部门，不能由人们的主观意志随意建立，也不能无条件地沿用传统的体系，而应该从我国的实际出发，根据它所调整的经济关系和社会关系的性质来决定。”“目前我国的经济管理体制，正处于改革之中，制定一部经济法典，条件还不具备。但是根据需要和可能，应该首先制定经济立法的若干指导原则，以便在此前提下分别制定单行的经济法规，使法规和法典结合起来，相互补充，以待条件成熟时，制定出一部较为完备的经济法典。”[10]

江平先生认为：“从所调整的财产关系的性质来看，经济法所调整的是生产领域中的商品关系，也就是直接为商品生产服务的商品流通各个环节，如原料的供应和产品的销售、物资的调拨、贮存、运输、保险、基建、信贷、结算等。这种商品关系的基础是生产资料公有制，它主要包括为实现商品生产和商品流通，对国家财产和集体财产所实行的各个管理环节，如土地管理、各种资源管理、财政管理、物资管理等。民法调整的是消费领域的商品关系，主要是指公民以其劳动所得，用商品交换形式获取自己生活所需的消费品。这种商品关系的基础是生活资料的个人所有。”“因此，经济法调整的是社会主义组织之间直接或间接的计划而产生的，以生产资料公有制为基础的，生产领域中的商品关系。民法调整的是公民之间或公民与社会主义组织之间、以生活资料个人所有为基础的、消费领域中的直接或间接的商品关系及某些人身关系。”[11]

余鑫如先生认为：“从指导和促进经济建设的角度来说，把调整社会主义经济在流通范围内的各项经济活动的规范和调整国家主管部门、管理机关领导和组织经济活动的有关规范，都包括在经济法的范围内是比较适合的。”“总之，把经济法独立成为一个门类，把社会主义组织间在流通范围内的经济活动，从民法调整的对象中划分出来，归到经济法门类里去，是值得考虑的。”[12]

主张大民法观点的是人民大学的佟柔先生和导师王家福先生。佟柔先生认为:“社会主义商品（包括采取商品形式的产品）关系是我国社会关系的一种，当事人处于平权地位而发生对价关系就是适应和调整这类社会关系的法律规范的特征。我认为具有这类特征的法律规范属于民法部门。”“由于各个经济过程中包含着几种经济关系，几种经济规律在其中起作用，所以在经济法规中不仅需要民法规范，也需要包括别种法律部门的规范。只有这样，才能从纵、横两方面对经济过程进行调整，从而能较好地体现按经济规律办事的要求，以利于国民经济有计划、按比例、高速度地发展。当然，由多种法律部门的规范组成的经济法规，无论是单个的或是它们的总体，都不构成独立的法律部门，也没有它自己所专有的调整方法。”[13]

王家福先生指出：“社会主义现代化建设的宏伟事业，十分紧迫地把制定民法的任务提到我们面前。民法并非人们通常理解的公民法、私法，而是调整以财产所有和财产流转为内容的经济关系的财产法。”“制定民法是改革经济体制，加快实现四个现代化步伐的要求。我国的经济体制，基本上是五十年代苏联管理体制的移植。权力过分集中，用行政手段管理经济，企业无权地位等弊病，已成为实现四个现代化的严重障碍，非改革不可。而要推行经济改革，并巩固经济改革的成果，就必须制定民法，扩大民事法律关系。”“国际国内历史经验表明，如果没有民法，不强调平等互利的民事法律关系，共产风就可能连延不断，官商、官工、官农的衙门作风，就会改头换面猖行于世，经济改革就有落空的危险。”“有了民法和各种经济法规，就不必再制定经济法典。这是因为，一是它没有统一的调整对象，统一的调整方法；二是它容易过分突出经济行政管理，不利于当前正在开始进行的经济改革；三是它内容重复，人为地把单位、个人参与的统一的经济生活割裂开来。”[14]

另有两位学者似持中间立场，即法学研究所所长孙亚明先生和北京大学的芮沐先生。孙亚明先生作为此次座谈会的主持人，并未明确表明自己的主张，只作了题为《研究民法、经济法的基本出发点》的发言。孙亚明先生指出：“民法是调整经济关系的，经济法也是调整经济关系的。但二者调整的经济关系应当在范围上有所不同，在内容上有所区别。如果合二而一，搞一个称作财产法的统一的基本法，这种设想是值得认真考虑研究的。”[15] 实际上孙亚明先生的基本主张是民法调整横向的经济关系，经济法调整纵向的经济关系，属于大民法观点。[16]

北京大学的芮沐先生主张：“应从分析社会的生产关系入手，研究我国社会经济的全部活动。首先要分析社会主义社会的基本经济关系，确定社会主义经济关系中各种主体（集体的、个人的）的地位和作用，及其组织情况，分析和调整这些主体参加的具有不同特点的经济活动，这些应该是划分各种不同经济立法领域的主要标准。把这些因素结合起来，例如由经济法调整建立在生产资料公有制基础上的经济组织之间的经济关系，而民法则调整个人在社会经济中的地位、其财产所得及其在经济活动中的权利义务关系。设想这样做还是行得通的。”[17] 可见，芮沐先生的主张最接近大经济法观点，只是与前述大经济法观点的主张者有一个区别，那就是芮沐先生不赞成将民法看作与作为“公法”的经济法对立的“私法”。他在发言中指出，“在我们国家，不能像资本主义社会中公、私法的对立那样，把经济法和民法对立起来。”[18]

日本学者铃木贤分析说，从八位学者的发言来看，参加论争的两派的出发点，均非纯粹对理论的关心，而是专注于推进国家立法（特别是民事立法）。明确采取大经济法立场的四位发言者，加上接近大经济法立场的芮沐，占了八分之五的比例，而明确采取大民法立场的发言者仅佟柔、王家福二人。可见，从民法与经济法论争之始，经济法一方就占据了绝对的优势。[19]

2. 民法与经济法论争的展开

座谈会之后民法经济法论争很快在全国展开。根据铃木贤的研究，1979 年法学研究所的座谈会之后，民法、经济法的关系问题，很快成为中国法学界大规模学术论争的焦点。各种法学杂志、报纸、民法经济法教科书，及在各地召开的学术讨论会、座谈会，成为了这场学术论争的舞台。仅从外国人可以收集到的各种刊物发表有关民法经济法论争的论文数分析，参加论争的学者有 150 多人。[20] 至 1985 年，就召开了九次全国性大型学术讨论会。[21] 此外，全国各地召开的地区性的或者小规模的讨论会还有很多，只是迄今未有统计。以下介绍最重要的几次全国性讨论会。

（1）民法、经济法学术讨论会（北京）

1980 年 6 月，北京市法学会民法经济法专业组在北京召开“民法、经济法学术讨论会”，邀请在京的大学法律系、政法学院、财贸学院、经济学院、法学研究所的学者 60 多人与会。预设三个讨论题：（一）经济法的法律部门性；（二）民法调整对象和经济法调整对象的划分标准；（三）民法、经济法的科学体系。从后来出版的会议论文来看，明确主张大经济法观点的七位学者是北京政法学院的陶和谦先生、人民大学的郑立先生、北京财贸学院的丁耀堂先生、北京大学的刘隆亨先生、北京政法学院的徐杰先生、财政部研究所的李必昌先生、北京大学的杨紫烜先生；主张大民法观点的两位学者是人民大学的佟柔先生和公安大学的王金浓先生。此时经济法学仍占绝对的优势。[22]

（2）高等院校法学教材会议（郑州）

1980 年 9 月司法部在河南郑州召开“高等院校法学教材会议”。会上决定的“经济法教材编写大纲”，肯定经济法是一个独立法律部门，并基本上采用了顾明同志[23]的经济法定义：“我国经济法，是调整国家机关、企业、事业单位和其他社会组织之间，及其与公民之间的经济活动所发生的社会关系的法律规范。”[24]以高等院校教材的形式，肯定了经济法的独立法律部门地位。[25]

（3）全国经济法制工作经验交流会（北京）

1982年9月，国务院经济法规研究中心[26]在北京召开了“全国经济法制工作经验交流会”。有来自28个省市自治区、国务院各部委、司法部门和法学研究机构的200多人出席会议。会议主要讨论“1982 – 1986年经济立法规划（草案）”，并讨论经济法理论问题、人才培养问题及经济法宣传和出版问题。1982年9月11日的人民日报载文《第一次全国经济法制工作经验交流会在京举行》，对本次会议作了报道。[27]

（4）全国经济法理论工作会议（沈阳）

有必要特别谈到1983年10月国务院经济法规研究中心在沈阳召开的“全国经济法理论工作会议”。会议在肯定经济法独立法律部门的前提下，讨论经济法的概念、基本原则、经济法律关系及成立全国经济法研究会等问题。法学研究所出席会议的是孙亚明所长、薄凤阁先生和我。实际邀请的是王家福先生，王先生让我代替他出席会议。大会发言，几乎一边倒地肯定经济法是一个独立法律部门，调整纵横统一的经济关系。唯孙亚明所长的发言稍有差别。[28]

我提交大会的论文题目是《论国民经济的综合法律调整》[29]，回避了经济法是否为独立法律部门的问题，而是沿着王家福先生组织撰写的《经济建设中的法律问题》一书[30]的基本思路，主张国民经济不能单靠某一个法律部门，要靠多个法律部门、多种法律手段，相互协调配合，进行综合法律调整。但我的论文被会议组织者认定为“资产阶级民法观点”，没有作为会议论文印发，更未安排大会发言。我在小组会上的几次发言，在会议简报上也竟然只字未提。

我回京后向王家福先生汇报了会议情况及我的感受。认为沈阳会议偏离了学术平等的轨道。我向王家福老师提了一个建议：民法学不能总是处于被动防守地位，总是替自己辩护，我们应当改采主动进攻的策略，我们也应当研究经济法理论，提出我们的经济法观点，特别要打破苏联拉普捷夫纵横统一经济法理论一统天下的局面。

（5）全国经济法理论学术讨论会（北京）

由王家福先生与研究室副主任王保树先生等筹划，于1983年12月2－7日在北京（车公庄大街北京市政府第四招待所）召开了著名的“全国经济法理论学术讨论会”。出席会议的，不仅有民法学者、经济法学者，还特别邀请了法理学、行政法学和宪法学等学科的学者，还邀请了全国人大常委会法制工作委员会、国务院经济法规研究中心、最高人民法院、中国法学会及新闻出版方面的代表，共112人。中国社会科学院副院长张友渔先生出席开幕式并讲话。会议预设四个讨论题：（一）我国经济法的概念、调整对象和调整方法；（二）经济法与民法、行政法的关系；（三）经济法律关系的主体；（四）中国特色的经济法的体系和经济法学体系。

会上发表的论文，汇编为《经济法理论学术论文集》。[31] 编入论文集的论文，均经作者本人审阅，有的作者还作了适当修改，按照会议四个问题排序。张友渔先生的讲话稿《坚持理论联系实际，努力开创社会主义经济法学研究的新局面》，排在前面作为“序言”。王家福先生作为会议主持者，在会上没有表明自己的立场，只是在大会闭幕时的会议总结报告中，回顾了几年来中国经济法学的发展并列举指出有待进一步研究的课题。王先生的总结报告排在论文之后。会议全部发言记录，按照对四个问题的顺序编辑整理，作为“会议发言纪要”排在书末。

根据铃木贤的分析，该文集汇编的25篇论文，属于大经济法观点的15篇[32]，属于大民法观点的10篇[33]；所附发言纪要中未提交论文的19位发言者，赞成大经济法观点的15人[34]，赞成大民法观点的4人[35]。从论文集编入论文和所附发言纪要来看，属于大经济法观点的学者32人，赞成大民法观点的学者14人，经济法学一方仍占优势。[36]

这次会议，严格遵循学术平等的原则，充分尊重每一位参加者的学术自由，自始至终都开得紧张激烈，不同观点相互交锋，而态度不失友善。受到了会议参加者的一致肯定。不仅经济法学者阐述自己的经济法理论观点，许多民法学者也都竞相提出自己的经济法主张，出席会议的法理学者、行政法学者也都发表了各自对于经济法的见解，形成了多种经济法理论观点和主张“百花齐放”的局面。以苏联拉普捷夫“纵横统一经济法”理论为根据的大经济法观点，虽然仍占居压倒性的优势，但毕竟只是中国众多经济法学理论中的一种理论观点。这次学术会议的成功，极大地促进了中国经济法理论研究的深入发展，使原先民法学与经济法学两个学科之间的论争，显现出逐渐向经济法学科内部不同主张、不同观点之间的争论转换的趋势。

（6）中国经济法诸论

会议闭幕后，王家福先生约请会上五种主要经济法理论观点的主张者，在会议论文基础上进一步修改、充实、完善，写成各 4 万 － 5 万字的长文，汇编成《中国经济法诸论》一书。[37] 本书汇集的五种经济法理论是："综合经济法论"（王家福、王保树）；"纵向经济法论"（孙亚明）；"经济行政法论"（梁慧星、崔勤之、王利明）；"纵横经济法论"（王俊岩）；"学科经济法论"（佟柔）。今天回过头来看这些经济法理论，或许读者会觉得粗浅和幼稚，但应当肯定，各种理论观点都极力地解释中国改革开放的实践，都对形成中国特色的经济法律体系和经济法学理论，作出了贡献。[38]

（7）中国经济法研究会成立

1984 年 8 月，国务院经济法规研究中心 [39] 在杭州召开"全国第二届经济法制工作会议"。会上成立了中国经济法研究会，由中共中央书记处书记、国务委员谷牧同志担任名誉会长，由国务院副秘书长、国务院经济法规研究中心总干事顾明同志担任会长。孙亚明、芮沐、韩伯平、任建新、有林、江平、徐礼章担任副会长。国务院经济法规研究中心办公室主任王正明担任秘书长。并决定编辑发行研究会会刊《经济法制》。[40]

（8）中国法学会民法学经济法学研究会成立

1985 年 4 月 9 － 14 日，中国法学会 [41] 在苏州市召开"中国法学会民法学经济法学研究会成立大会"。全国民法学界、经济法学界和政法实际部门的专家、学者 100 多人出席会议。中国法学会副会长甘重斗同志到会作了题为《加强民法学经济法学研究，积极为经济体制改革服务》的重要讲话。大会分两个阶段进行。第一阶段选举产生了由 61 名干事组成的民法学经济法学研究会干事会，佟柔先生担任总干事，王家福先生担任副总干事，王保树先生担任秘书长。第二阶段进行学术交流，会议收到学术论文 79 篇，集中讨论了经济体制改革与民法、经济法的关系，及如何进一步完善社会主义法制两个问题。会议认为，我国民法学研究比较落后，经济法学研究也很不够，两个学科的相互关系以及两个学科自身都存在一些重要理论问题需要探讨，号召民法学界和经济法学界加强团结协作，共同努力，推动两个学科的共同发展、共同繁荣。[42]

至此，肇端于中国社会科学院法学研究所举行的民法经济法学术座谈会的民法学和经济法学两个学科之间的学术论争，演变为中国法学会民法学经济法学研究会和中国经济法研究会这两大全国性法学学术团体之间的对抗和竞争。

3. 新中国第三次民法起草

（1）关于制定民法典的研究报告

现在回过头来谈 1979 年发生的第二件大事，即新中国第三次民法起草。在座谈会结束之后不久，担任五届全国人大常委会法制委员会副主任委员的陶希晋同志写给中共中央一封信，向中央建议不要制定民法典。中共中央将这封信转到中国社会科学院，院长胡乔木同志将信件交给法学研究所，所领导再交给民法经济法研究室。王家福先生组织研究室全体同志对这封信提出的建议及其理由，进行了研究、讨论，一致认定这封信的建议是错误的，中国绝对不能没有自己的民法典。在经过慎重考虑和认真研究之后，他决定向中央写一个研究报告，提出相反的建议。此即《关于制定民法典的研究报告》。

（2）民法起草小组成立

研究报告经胡乔木院长上报中共中央，中央领导同志作了批示。按照批示，全国人大常委会决定立即启动民法典起草工作。1979 年 11 月，五届全国人大常委会法制委员会成立了由杨秀峰同志 [43] 任组长、陶希晋同志 [44] 任副组长的民法起草中心小组（通称“民法起草小组”），从全国调集了一批民法学者和实际部门的民法专家，开始了新中国第三次民法起草。[45]

（3）民法座谈会的召开

1979 年 11 月成立民法起草小组，1980 年 8 月 15 日形成《中华人民共和国民法草案（征求意见稿）》（第一稿）[46]。1981 年 4 月 10 日形成《中华人民共和国民法草案（征求意见二稿）》。[47]1981 年 5 月下旬，五届全国人大常委会法制委员会在北京召开民法座谈会，讨论民法草案二稿。邀请法学专家、司法实务工作者和国务院各部门负责同志 20 多人出席座谈会。[48]

1981 年 1 月，全国人大常委会法制委员会民法起草小组全体同志合影。
一排左起：陈汉章、史越、孙亚明、林亨元、杨秀峰、赵伯平、
吴克坚、陶希晋、余鑫如、李淳

（4）“同时并进”的立法方针

5 月 27 日，五届全国人大常委会副委员长彭真同志到会并讲话。彭真同志说，“民法起草工作时间不长，成绩很大，已经搞出第二稿，有了这个讨论的基础，就可以广泛地征求、交换意见。问题的提出就是问题的开始解决。”[49] 在这段开场白之后，彭真同志讲了三个问题。一是“立法必须从中国现实的实际和历史的实际出发”；二是“要认真考虑各种不同意见”；三是“制定民法可以同制定单行法同时并进”。

关于第一个问题，彭真同志说“我们的民法是中华人民共和国的民法，不是苏联、东欧的民法，也不是英美、欧洲大陆或者日本的民法。我国的民法从哪里产生？要从中国的实际中产生。”“起草民法，除研究现实的社会经济关系外，还要研究我国历史的实际，研究我国的民法史，批判地吸收其中好的有用的东西。”“对外国的民法，对资本主义的民法、苏联、东欧国家的民法、社会主义国家的民法，都要进行研究，它们有很多经验可供我们借鉴。凡是好的、对我们有用的，都要吸收。”

关于第三个问题，实际是提出“制定民法与制定单行法同时并进”的立法方针。彭真同志指出，“民法不是短时间可以制定的。这不是我们不努力，而是问题本身就十分复杂，加上体制正在改革，还没有完全解决，实际上有困难。因此，一方面要搞民法，另一方面要搞单行法，民法和单行法可以同时进行。单行法各部门都可以搞，还可以先搞条例、规章、制度或者其他行政法规。也可以把民法草案中比较成熟的部分，作为单行法规先提出审议、公布。单行法比较容易搞些，比较灵活，错了也比较好改。民法就要比较慎重，制定不久就得改，那就不大好。先搞单行法，成熟了，再吸收到民法中来。刑法搞了三十多稿，民法虽然不一定搞那么多稿，但是要准备多搞几稿。要积极搞，又不要急躁，不要草率。”[50]

彭真同志的讲话，当时没有公开发表，只是在内部作了传达。王家福先生和研究室的同志们，从彭真同志的讲话已经预计到中国民法典不可能很快出台，民法典起草工作可能变成持久战。但绝不可能预计到在 1981 年年末颁布经济合同法之后，全国人大常委会将要解散民法起草小组，宣布民法起草暂停。

（5）经济合同法起草小组的成立

现在来介绍经济合同法的制定。中国在改革开放之前没有合同法，从 1979 年开始只在一些地方进行合同制度的试点。[51] 主管部门陆续发布了一些规范合同关系和合同纠纷仲裁的规章。[52]1980 年 8 月召开的五届全国人大三次会议上，彭真副委员长 [53] 在常委会工作报告中指出：“今后随着经济的调整和体制改革工作的进展，需要进一步加强经济立法工作，特别是工厂法、合同法等，必须抓紧拟定。”1980 年 10 月，全国人大常委会法制委员会，在已有的民法起草小组之外，另行成立经济合同法起草小组，正式启动经济合同法起草工作。形成了民法起草和作为单行法的经济合同法起草，“同时并进”的局面。

经济合同法起草小组，由工商行政管理局、国家经委、国家计委、国家建委、国家农委、国家进出口委、物资管理总局、商业部、国防工办、国务院财贸小组、铁道部、外贸部、中国人民银行、最高人民法院经济审判庭等 14 个单位组成，国家经委和工商行政管理总局是牵头单位。

经济合同法起草小组成立后，全国人大常委会法制委员会于 1980 年冬组织了由 154 名干部参加的调查组，分赴 16 个省市自治区进行了为期 1 个多月的立法调查，共召开各种类型座谈会600多次，有2500多个单位的6000人参加。调查结束后向全国人大常委会法制委员会做了汇报。[54]

（6）经济合同法的颁布

1981年年初经济合同法起草小组起草了《经济合同法大纲》。接着在大纲基础上完成《中华人民共和国经济合同法（试拟稿）》。1981年6月24日全国人大常委会法制委员会、国家经委、工商行政管理总局联合发出《关于征求对经济合同法（试拟稿）意见的通知》，要求各省市自治区和国务院40个部、委、局提出详细的书面意见。此外，还征求了一些法学家、经济学家的意见。1981年9月29日，起草小组在试拟稿基础上修改完成《中华人民共和国经济合同法（送审稿）》（以下简称草案）。[55]

1981年11月20－26日召开的五届全国人大常委会第21次会议审议了草案，决定将草案提交五届全国人大四次会议审议表决。1981年11月30日至12月13日召开的五届全国人大四次会议审议了草案，并于12月13日通过《中华人民共和国经济合同法》，同日公布，自1982年7月1日起施行。从形成正式草案，到全国人大大会通过，仅用了两个月的时间。

（7）解散民法起草小组、暂停民法起草

立法机关决定同时起草经济合同法，难免刺激了民法起草小组加快工作进度。在民法草案第二稿基础上，于1981年7月31日形成《中华人民共和国民法草案（第三稿）》[56]，1982年5月1日又在第三稿基础上完成《中华人民共和国民法草案（第四稿）》。[57]

但在此时，彭真副委员长在1981年5月民法座谈会上宣布的“制定民法与制定单行法同时并进”的方针，已经改变为“先制定单行法”的立法方针，全国人大常委会决定暂停民法起草，6月3日全国人大常委会法制委员会解散民法起草小组。理由是，中国在改革开放初期，经济体制改革刚刚开始，各种社会关系、经济关系处于急速变动当中，不可能制定一部完善的民法典。[58]

立法机关突然宣布暂停民法起草和解散民法起草小组，对民法学界无疑是一个沉重打击。民法学界，从民法起草小组成立开始不断高涨的激情，顿时为之一变。许多民法学者感到不解和失望。在民法经济法研究室也明显感觉到一股悲凉之气。

参加民法起草小组的陈汉章先生和余能斌先生回到民法经济法研究室时，同志们相顾无语，不知说什么好。此情此景，笔者至今记忆犹新。

民法学者期望尽快制定自己的民法典，是完全可以理解的。中国是世界上第一人口大国，是一个历史悠久的文明古国，我们完全应该、也有必要制定出一部反映人民意愿，体现社会发展规律，符合中国国情，充满时代精神的自己的民法典。[59] 相对于刑法典、诉讼法典甚至宪法法典而言，民法典更足以代表一个民族的文明高度，而且唯有一部科学、进步、完善的中国民法典，才能表明中华民族已经攀上了历史的高峰！[60]

但我们设想一下，如果当时真的制定了一部中国民法典，可以肯定，这部中国民法典必定是苏联模式的民法典，是反映单一公有制的计划经济本质特征和要求的民法典[61]。不可能为中国改革开放的推进和发展社会主义市场经济提供法制基础。应当肯定，1982 年立法机关决定解散民法起草小组、暂停民法起草，是正确的。

正当民法与经济法两个学科论争正酣之际，全国人大常委会突然宣布暂停民法起草和解散民法起草小组，自然会被视为经济法学科的胜利和民法学科的失败！极大地鼓舞了经济法学界的士气！严重影响到中国民法学的发展，影响到人们对民法的正确认识，甚至影响到民法研究者对民法的信心。使中国民法学界一时陷入近乎消沉的境地。[62]

4. 从制定单行法到制定民法通则

（1）关于法人的暂行规定

现在继续回顾民事立法。1982 年宣布解散民法起草小组、暂停民法起草之前，立法机关就已经注意到：经济合同法、民事诉讼法以及制定中的单行法（如商标法、专利法等）都涉及到一个“法人”问题，需要对法人的条件、权利、义务等作出统一的法律规定。为此，法制委员会起草了《关于法人的暂行规定（草案）》。1982 年 1 月 18 日、19 日在法制委员会进行了讨论，然后在 1 月 21 日、22 日特别邀请有关部门和一些法律专家座谈，征求意见。[63]

法制委员会和专家座谈会讨论了五个问题：一是目前要不要制定单行的法人规定？二是国营企业的独立财产问题；三是关于国家对国营企业、事业单位的民事活动不承担财产责任的问题；四是关于社会团体与社会企业的法人资格问题；五是关于法人登记问题。其中，第一个问题，是讨论的重点。形成两种不同意见。

参加座谈的法律专家和外经贸部的同志普遍认为，“目前制定法人规定是必要的、急需的。”主要理由是：“（一）经济合同法、民诉法及一些需要制定的经济法规都涉及到法人问题，急需对法人的条件、权利、义务等作出统一的法律规定；（二）法人制度实质上是法人责任制，它对于推动我国经济改革，分清企业与国家之间的财产责任关系，促进企业独立负责地搞好经营管理，选贤举能，克服政企不分、一平二调、瞎指挥、吃大锅饭等弊病，防止皮包公司、地下工厂以及企业超越范围滥营业务的活动，保障经济秩序，都有十分重要的作用；（三）世界各国普遍建立法人制度，我国对外开放，发展对外经济，如果没有法人规定，在涉外活动中的民事权利和其他合法权益（如索赔）就得不到充分的法律保障，与外国法人签订合同往往由政府主管部门出面，国家对企业的涉外纠纷、债务负有无限的财产责任，使我国在对外交往中处于不利地位。建立法人制度，可使企业作为法人与国家的责任分开，只由企业独立承担有限的财产责任，这对保护我国权益是十分必要的。”[64]

但法制委员会一些委员[65]和“国家计委、司法部、国家经委、民政部的同志”则认为，“法人问题牵涉问题有很多，有些问题不好解决，目前制定单行法规还有困难”。主要理由是：“（一）法人是资本主义私有制和商品经济的产物，在我国社会主义制度中是否适用？如何运用？需要好好研究。一些有关法人的问题还不清楚，如法人的基本条件是独立财产，我国全民所有制企业是否算有独立财产？国家对国营企业不承担财产责任行不行？社会主义条件下的法人制度与资本主义的法人制度在性质、目的上有何区别？法人与非法人有何不同？实行法人制度对我国四化建设究竟有哪些好处？有什么问题？也都需进一步研究探讨；（二）法人问题很复杂，各种法人的性质、任务、权利、义务、组织机构等都不一致，需要制定不同的单行法规（如国营工厂法、公司法、社团法、城乡集体经济组织法以及出版法、商标法等），分别作出不同的具体规定（外国实行法人制度都是如此），用一个法人条例来笼统规定统一的权利、义务，不解决问题，也行不通；（三）法人制度是民法的一个有机组成部分，与民法其他规范（如民事主体、代理、清产还债等）是相互依存的。在民法公布前，先把法人制度抽出来单行规定，既说不清楚，也难以实行，还是作为民法的一章比较好。世界各国也没有单搞法人规定的”。[66]

由于意见分歧，难于统一，立法机关只好将《关于法人的暂行规定》（草案）搁置起来，继续专注于各种单行法的制定。继1981年12月颁布《中华人民共和国经济合同法》之后，1982年8月23日颁布《中华人民共和国商标法》，1984年3月12日颁布《中华人民共和国专利法》，正在制定中的单行法还有继承法（1985年）、涉外经济合同法（1985年）和技术合同法（1987年）。张友渔先生在回忆这段立法时指出，这样做的好处是“能及时地、有效地解决实际问题”，“一步一步地把民事立法推向前进。现在看来，这样做是完全正确的。”[67]

（2）关于从速制定并颁行民法典的建议

张友渔先生[68]在肯定单行法立法的好处和成绩之后，指出了单行法立法的不足：“在民事立法整个组成中总有一些共同的东西、基本的东西，如基本原则、民事权利、权利能力、行为能力、民事责任、时效等，靠单行法各搞各的不行，需要把这些共同的东西作出一个统一的规定。否则各个单行法会发生不必要的互相重复，或者引起混乱互相矛盾。”[69]这涉及到民事立法的科学性。

近现代民法是由一整套概念、原则、制度构成的逻辑严密的体系。适于制定单行法的，只是其中分别规范各类社会关系的特别规则（所谓“分则”），而规范各类社会关系的共同规则（所谓“总则”），绝对不能采取单行法的形式“各搞各的”。并且，如果缺乏这些规范各类社会关系的共同规则，分别制定的单行法也将难于发挥作用和正确实施。这是推行“先制定单行法”的立法方针，无论如何也绕不过去的火焰山。于是，王家福先生瞅准这个时机，于1984年12月，再次以民法经济法研究室的名义向中央建议：“从速制定并颁行民法典”。下面是“建议”全文：

“一、民法是组织商品生产和商品交换的基本法

按照历史唯物主义基本观点，民法（包括商法）是商品经济的上层建筑，是组织商品生产和商品交换的基本法。民法各项制度，如物权、合同、法人、代理、信托等，构成了一个适合商品生产和商品交换正常发展的完善的法律机制。近代史表明，民法是组织商品经济的重要法律形式。它对于两百年来资本主义商品经济的发展，起了极其巨大的促进作用。当代世界，凡是商品经济比较发达的国家，无不有较为完善的民法。许多属于发展中的国家，为促进本国商品经济的发展，也已经制定或正在制定自己的民法。一个国家是否有完善的民法，已成为表示该国文明发展程度，即是否法治国的一个重要标志。

民法并不是私人关系法或公民权利法。民法统一调整商品经济中所产生的各种关系，其中主要是商品所有关系和商品交换关系，而不论这些关系的参加者是私人或者团体，是私法人或是公法人。二次世界大战后，许多国家推行国有化政策，建立了庞大的国营经济。国营企业之间的关系，国营企业与私人企业之间的关系，国营企业与公民之间的关系，均同受民法调整。因此，即使资产阶级国家民法，也不等于私人关系法或公民权利法。

二、采用民法组织商品生产和商品交换也是社会主义国家的成功经验

世界上第一部社会主义性质的民法典，即1922年苏俄民法典，就是在从战时共产主义转变到新经济政策初期，为适应发展社会主义商品生产和商品交换的要求制定的。列宁亲自指导下制定的这一民法典，继承了传统民法调整商品生产和商品交换的许多基本制度和法律规则，对于保障新经济政策的贯彻，对于社会主义商品经济的发展，无疑发挥了极其重要的作用，后来成为各国制定社会主义民法典的典范。60年代中期以来，苏联及东欧各国普遍出现更加注重对国民经济民法调整的趋势。从1965年起，苏联相继颁布了新的苏俄民法典及其他各加盟共和国民法典。匈牙利在1977年重新颁布了经过修改的匈牙利民法典。南斯拉夫在1978年颁布了南债法典。上述法典的颁布，目的在于更好地适应经济体制改革的要求和大力促进商品经济的发展。

我国也有这方面的经验和教训。我们在一五期间和60年代前半期，执行发展社会主义商品经济的正确方针，比较重视民法对国民经济的调整作用，制定了一批民事单行法规并两次组织起草民法。大跃进和文革期间，错误地限制商品经济，也就忽视民法的作用并两次中断民法起草工作。

三、当前制定民法的迫切性

十二届三中全会决定明确指出，社会主义经济是在公有制基础上的有计划的商品经济。社会主义商品经济的充分发展，是单纯依靠行政手段和指令性计划所不能做到的，迫切要求制定和颁布民法典。当前制定民法典已是我国法制建设的一项非常迫切的任务。

（一）因民法基本制度如法人制度、法律行为制度、权利能力及行为能力制度、时效制度、代理制度等的缺乏，使已经颁布的单行法难于发挥作用；（二）因缺乏物权制度，使广泛存在的物权关系无法可依，影响到经济体制改革成果的巩固和经济秩序的稳定；（三）因民事关系法制不完备，影响到民事纠纷的及时解决，使国家、企业、公民的合法利益得不到妥善保护；（四）由于未颁布民法典，许多民事关系听凭习惯规则调整，致使陈规陋习乘机泛滥，不利于社会主义精神文明建设；（五）由于未颁布民法典，在对外经济关系中，外国公司心存疑惧，认为权益无法律保障，并且在许多本应适用我国法律的情形不得不适用外国法，不利于保护我方利益，要求

颁布民法典保障对外开放政策的贯彻。

四、当前制定民法的有利条件

我国从十一届三中全会以来，经济稳步发展，社会秩序安定，出现了国泰民安、政通人和的局面，制定民法的各项有利条件已经具备：

（一）新宪法、刑法、刑诉、民诉四大法典已经颁行，广大人民群众盼望颁布民法，国际上各界人士对此也非常关注，尽快制定民法也是人心所向；

（二）十二届三中全会决定，已经确定我国经济体制改革的方向和基本格局，为制定民法奠定了基础；

（三）民法理论研究和教学已有较大发展，为广泛借鉴国内外立法经验，制定一部能够促进商品经济发展、具有中国特色的社会主义民法典，作了较充分的准备，并有一批能够担负起草工作的专家；

（四）彭真同志在立法、司法、法学教育和研究各界有很高威望，近年领导完成宪法、刑法、刑诉和民诉四大法典，有丰富立法经验，且身体尚健。

建议由彭真同志约请各方面专家组成民法起草班子，从速起草民法，尽快颁布施行，使五大法典悉数完成，社会主义法制臻于完善，以利商品经济充分发展，促进四化大业，并与我国在国际上的地位和声望相符。”[70]

今天重读这份建议，不得不佩服王家福先生，在改革开放之初、体制改革目标尚未最终确定的距今四分之一世纪之前，对民法的本质和功能就作出了如此准确的把握和定位。先生关于制定民法典已是我国法制建设一项非常迫切的任务的判断及五项理由，亦很有说服力。先生特别提及彭真委员长在立法、司法、法学理论研究和法学教育各界有很高威信，具有丰富立法经验，并已主持完成四大法典且身体尚健，建议由彭真委员长约请专家成立民法起草班子，从速起草、尽快颁行中国民法典，一举完成五大法典，促进四化大业，并与我国国际地位相符，更是情真意切并富于政治智慧，令人感佩！

（3）彭真同志决定起草民法通则

当此之时，立法机关实际已经意识到其所面对的两难困境：我国改革开放的进程一往直前、日益深入，商品生产和商品交换不断扩大，民事活动越来越活跃，新的问题、新的矛盾、新的纠纷不断涌现，因缺乏与之相适应的法律规范，法院面临无法可依的窘境，影响到法律秩序的建立和维持。客观上迫切要求一部全面调整各种民事关系的基本法律问世。但当时还不可能制定一部完备的民法典。正值此时，彭真同志及时提出了从中国实际出发，在民法典第四稿的基础上，先制定一部概括性的民事基本法律的主张。[71]

据时任法制工作委员会副主任的顾昂然同志回忆："这几年，制定了一批单行的民事法律，但还缺少民事关系、民事活动方面需要共同遵守的规范。因此，民法通则的制定就提到议事日程上来了。例如，民事诉讼法规定了认定公民无行为能力案件的程序，但是怎样算有民事行为能力，没有规定。经济合同法提到法人，法人需要什么条件？也没有规定。这就需要制定民法通则。彭真同志讲，现在制定民法通则是又需要又有可能。"[72]

1985 年 6 月全国人大法制工作委员会召开了一系列叫"民法总则"的座谈会，7 月份正式开始起草不久，经过商议将"民法总则"改称"民法通则"。[73] 民法通则，不是民事单行法，也不同于民法典的总则编。关于民事主体制度、权利能力和行为能力制度、民事法律行为、代理制度、诉讼时效制度等的规定，属于民法典总则的内容。此外，还有属于民法典分则（物权编和债权编）的内容，以及属于国际私法的内容。[74] 民法通则应属于民事基本法。[75]

立法机关启动民法通则起草，得到民法学界的积极拥护和鼎力支持。佟柔、江平、王家福、魏振瀛四位先生，担任由彭真委员长提议成立的民法通则起草专家咨询小组成员 [76]，对于民法通则贡献最大。当时人们对"物权"概念很陌生，许多同志不赞成采用"物权"概念，而仅用"所有权"概念又难于涵括其他物权类型，经王家福先生力争，民法通则第五章第一节才最终采用了"财产所有权和与财产所有权有关的财产权"这一颇为拗口的、具有中国特色的"物权"概念。[77]

民法通则草案先后两次发到各省市自治区、中央各部门和法学研究机构、政法学院、大学法律系征求意见。记得王家福先生曾多次组织研究室同志研讨草案条文，汇集修改意见。作为民法学界的一员，笔者当时感觉到民法通则的制定，重新振作了民法学界的人气。此前因解散民法起草小组造成的消沉和悲观气氛顿时一扫而空。预感到"民法的春天"即将到来。

（4）全国民法通则（草案）座谈会

1985年10月法制工作委员会完成《民法通则（征求意见稿）》，印发各部门和政法院校征求意见，同年11月完成正式的法律草案。12月4日，在北京，由全国人大法律委员会、全国人大常委会法制工作委员会[78]共同召开了著名的《全国民法通则（草案）座谈会》。这次会议是由彭真委员长提议经委员长会议决定召开的。应邀出席会议的，有各省、自治区、直辖市人大常委会从事法律工作的同志、法院的同志、法学研究和法学教学的专家180多人。[79]会议气氛十分热烈。彭真委员长出席会议并讲话。

彭真同志说："我们是社会主义国家，生产资料的社会主义公有制是社会主义经济制度的基础，但还存在着三种经济。不同经济之间、各种经济自身之间，以及消费者和生产者之间，都要有商品来交换，要有市场，同时还有人和人之间的复杂的社会生活关系，这就需要制定民法。""法律是一门科学，有自身的体系，左右、上下，特别是与宪法不能抵触，立法要有系统的理论指导。对外国的经验，不管是社会主义国家的，还是资本主义国家的，不管是英美法系，还是大陆法系，以及对我国历史的经验，都要参考借鉴。""民法通则是一个重要的基本法律，请大家充分发表意见，畅所欲言，认真研究，进行科学的讨论修改。"

彭真同志的讲话，使出席会议的民法学者深受鼓舞。民法经济法论争开始以来，民法学界正是从民法与商品经济的关系切入，论证民法是调整商品经济关系的基本法，国家实行商品经济就一定要制定民法。彭真委员长的讲话表明，国家立法机关完全接受、采纳了民法学界的主张，明确肯定了民法的基本法地位。参加会议的民法学者和实务工作者，对于在制定民法典的条件未完全具备的当时，制定具有民事基本法性质的民法通则，极表理解和赞同。民法学界在坚持民法的基本法地位的同时，也并不否定承担国家宏观调控和必要管理职能的经济法的存在，他们对于民法通则草案关于民法调整对象的规定，及关于以民法调整横向财产关系和人身关系、经济法调整纵向经济（管理）关系的明确区分，一致表示赞同。他们在会上热情高涨，积极贡献修改意见和建议，希望制定出尽可能高质量的法律。[80]

5. 经济法学界反对制定民法通则

（1）许骅同志批判民法通则（草案）的长篇发言

出人意料的是，国务院经济法规研究中心的代表许骅同志在会上对民法通则（草案）进行了全面的批判，明确表示反对立法机关制定民法通则。他的长篇批判发言，涉及民法的调整范围、民事活动与国家计划的关系、社会主义法人的本质、国家财产的性质、企业经营自主权的性质、经济领域的法律调整、经济法的地位和作用、如何处理民法与经济法的关系，及如何看待和引导民法经济法论争等重大问题，显而易见是事先做了充分准备的，明确、系统地表达了国务院经济法规研究中心对制定民法通则的基本立场。鉴于这一长篇批判发言具有重要文献价值，因此全文转录如下：

“一、关于民法的调整范围问题

草案第二条规定民法调整公民之间、法人之间以及公民和法人之间的财产关系和人身关系，是否适合我国国情，是否科学，值得商榷。（一）调整法人的财产关系，似不妥当。因为在社会主义公有制条件下，法人的主要组成部分是国营组织。它们使用的财产属于国家。它们是相对独立的法人，因为它们只有经营权，而没有所有权，因此，法人的财产关系和人身关系，二者之间并没有像公民的财产关系和人身关系那样紧密地、不可分割地联系在一起。因此，笼统地把财产关系和人身关系并列为民法的调整对象，似乎不够科学。（二）社会主义商品经济关系，只能是指财产关系，而不能指人身关系。草案第二条却实际上把人身关系和商品经济关系并列，造成一种误解：人身关系与商品经济关系有不可分割的联系，把婚姻法也包括在民法体系之内，而在苏联的法律体系中，婚姻关系早已被排除出商品关系的轨道。（三）‘说明’说民法调整的应是平等主体间的财产关系，从根本上说，不是纵向的而是横向的财产关系。问题是在社会主义的有计划的商品经济的条件下，企业组织的经营自主和国家的管理领导是紧密地结合在一起的；也就是说，纵向关系和横向关系是结合的、统一的，在整体上是不应分割的，横向关系是不可能从根本上摆脱纵向关系的制约的。如果把横向关系交民法调整，纵向关系交行政法调整，那又不符合经济体制改革的方向。

二、民事活动与国家计划的关系

社会主义社会实行的是计划经济，即有计划的商品经济。企业组织的民事活动（更广义上的经济活动）是不能从根本上脱离国家计划的。而且就整体上说，它应是实现国家计划的工具。草案第四条规定：民事活动……不得破坏国家经济计划。规定不彻底，很勉强。仅仅是不破坏国家经济计划就行了吗？对企业组织的要求也太低了。国家计划本身就具有法律性质，因此这种规定是不合适的。对有计划的商品经济，民法是否能够完全调整，能否完全适用，值得考虑。

三、法人问题

草案第三十五条规定，法人是具有民事权利能力和行为能力，依法享有民事权利，承担民事义务的组织。关于法人的这一规定也值得商榷。（一）在我国，法人的绝大部分是社会主义组织。它们是在社会主义公有制基础上组成的，是在国家计划的指导下从事经营活动的，这是社会主义法人与资本主义法人区别的根本所在。第三十五条规定却没有指出这两者的这一根本区别，没有明确指出社会主义法人的本质特征。这样的规定，与资本主义民法典关于法人的规定是没有什么两样的。（二）法人概念中的民事权利能力、民事权利、民事义务（以及其他同类概念），到底都指什么？包括哪些内容？第五十一条作了一些规定，但是否准确科学，也值得探讨。在公有制的社会主义社会，居主导地位的国家所有权能算民事权利吗？民法怎么能规定和调整国家的财产关系？所有权是所有制的法律形式。它首先应该是宪法确认和规定的，它也是所有法律部门共同保护的对象。

经营自主权是不是都是一种民事权利？第五十七条对经营自主权作了解释，比较精练，但也存在问题。首先，与我们现行法中常用的经营管理权或经营管理自主权概念有没有区别？是不是还有另外一种经营自主权？其次，经营权与所有权适当分开以后，经营自主权有多大？是否包括占有、使用、处分的权力，实际上经营自主权只能包括占有、使用的权利，不能包括处分权。最后，企业组织的经营管理自主权绝不只是财产权利，即不只是对财产享有占有、使用、收益和处分的权利，它还包括一系列人事劳动等组织方面的权利。这些组织权利显然不应属于民事权利。

四、经济领域内的法律调整问题

经济领域内需要大量的经济法规，也需要有一部基本法（需要有一部仅次于宪法的小宪法）。在经济体制尚未定型的情况下，过早地把民法定性为经济领域的基本法，恐不适宜。如果某些方面（如法人、时效等）急需，可采用颁布单行法规的方式解决（如颁布法人条例）。

自党的十一届三中全会以来，我国开始出现了一个新的法律部门和法律学科，即经济法，短短几年工夫，经济法就得到了极大的发展。经济法在其产生和发展过程中与民法发生了矛盾，不仅在调整对象、调整范围，而且在一系列基本制度、基本观点上都存在分歧。这些都是难以一时取得统一意见的。它所涉及的问题是一些根本性的问题：如何对经济生活进行调节？是靠市场一只手，还是加上国家干预？国家和法律如何对基础发挥反作用？有计划商品经济如何进行法律调整？甚至于也涉及社会经济的发展方向等问题。

这场争论不仅是理论之争，也是实践之争。这场争论对我们国家如何确立间接控制体系，如何运用经济、法律和行政三种手段，如何把宏观控制和微观搞活结合起来……都有重大意义；对发展法律科学，确立经济法规体系也有重大作用。要善于引导这场争论，以促进具有中国特色的社会主义建设和社会主义的新型法律、法学的发展。

综上所述，在制定民法通则时，应对民法与经济法的关系加以明确，要从宏观上考虑逐步建立和健全我国社会主义整个法律体系，充分估计到在制定民法通则的同时对其他法律部门所带来的影响，避免调整范围的交叉，从而有效地防止在新法制定的同时给现行有效的其他法律带来消极的影响和副作用。

在研究和解决民法与经济法的关系时，须考虑这样几个问题：（一）民法通则制定后，经济法是否还存在？是否所有的经济法的调整原则和对象都纳入民法范围，归民法来调整？那么，经济法在我国社会主义法律体系中的地位和作用是什么？（二）国外许多国家，关于民法与经济法的分野问题进行了长时间的争论，这种争论，简单地靠制定民法通则的方式来解决，显然是不适宜的。（三）我国是以社会主义公有制为主体的国家，实行的是有计划的商品经济。作为私有制基础上产生和发展的调整公民的财产和人身关系的民法的基本原则在我国是否适用？全民所有制企业法人之间的经济关系、财产关系能否由民法来调整？是否可以考虑在明确民法与经济法的分工以后，再制定民法通则和同时通过制定经济法总则来加以解决？（四）如果上述问题不解决或不能很好解决，中共中央在关于七五规划的建议中提出的力争在第七个五年计划期间建立比较完备的经济法规体系的重要任务将无法完成。所以，应在解决或明确上述问题的基础上再制定我国的社会主义的民法通则。”[81]

（2）广州会议对民法通则（草案）的批判

更令人吃惊的是，国务院经济法规研究中心、中国经济法研究会于 12 月 10 – 15 日在广州召开了有各省、自治区、直辖市和国务院有关部门及经济法教学研究单位的法律工作者 300 多人与会的“全国第二次经济法理论工作会议”。会上提交的许多论文和大会发言，直接针对民法通则（草案）进行批判。在北京召开的民法通则（草案）座谈会，与在广州召开的经济法理论工作会议，两个会议，一南一北，针锋相对，难道只是偶然巧合？！

广州会议上对民法通则（草案）的批判，要点如下：（一）不赞成第二条关于民法调整对象的规定，认为民法通则“把所有的财产关系都划归民法调整了，这实际上否定了经济法的独立存在。这样的规定，在理论上说不过去，在实践上更行不通。

如果这个提法被立法机关所确认，将会对经济立法、经济司法、经济法研究、经济法教学以及经济法规编纂，产生消极影响。”（二）认为“在资本主义国家，占主要地位的生产方式，是以市场经济为主的商品经济，调整这种商品经济关系的民法占据着统治地位。资本主义的经济法只能在民法的基础上，通过国家权力对社会经济生活进行个别的、有限的干预，对民法起着辅助补充的作用。而在我国，占主导地位的生产方式是以计划经济为主的商品经济，经济法作为有计划的商品经济的法律保障，已成为调整社会主义经济关系的基本法，占据主导地位。”（三）“不同意‘说明’中关于经济合同法、专利法、商标法、婚姻法是民事单行法的说法。”“不能把经济合同法划归为民事单行法。有的参加过制定经济合同法工作的同志提出，当时就是因为民法一时制定不出来，为了适应经济工作的需要，经济法发展起来了，并制定了许多单行经济法律、法规。现在一下子又把这些经济法律说成是民事单行法律，感情上也通不过。”“过早地肯定民法的组成部分，把许多经济法规以及社会主义条件下理应独立的法律部门，都强行纳入民法体系，而对经济法则熟视无睹，将脱离我国实际，并对法制建设带来不利影响。”（四）“建议制定经济法纲要或者经济法总纲。这个纲要主要包括社会主义经济法的任务、调整范围、基本原则及其制定的程序和实施等内容。有了这个纲要，就能起到统帅众多经济法规的作用，就能避免经济法与其他法律部门之间、经济法内部的重复和矛盾。多数同志赞成这个建议。”[82]

（3）顾明同志在广州会议上的讲话

国务院副秘书长、国务院经济法规研究中心总干事、中国经济法研究会会长顾明同志[83]出席会议并讲话。主要观点是：“被奉为‘完美、和谐典范’的法国民法典，事实上并不能全面充分地调整资本主义商品经济关系。苏联民法也不能解决社会主义经济关系的法律调整问题。因此，对于日益社会化的商品经济关系，无论是资本主义社会，还是社会主义社会，民法都是无法完全适应和调整的。由于生产力日益社会化，生产关系日益复杂化，商品经济的日益发展，客观上要求有一个新的法律部门产生。现代经济法正是基于这些客观需要而产生的。社会主义商品经济是商品经济发展的历史长河中最新的、特殊类型的商品经济，这种商品经济关系必须由一个能够全面、充分反映其本质要求的新的法律部门去规定和调整。有计划的商品经济的发展，是要靠所有社会主义法律部门综合发挥作用的。但是，经济法是最直接作用于有计划的商品经济的法律，是调整有计划的商品经济关系的一个基本法律部门。”[84]

（4）高纯德同志对民法通则（征求意见稿）的意见

《法制工作简报》第 11 期刊载的《高纯德同志对民法通则（征求意见稿）的一点意见》一文，所针对的是法制工作委员会办公室于 1985 年 8 月 25 日印发的《中华人民共和国民法通则（征求意见稿）》（1985 年 8 月 15 日）。此文对民法通则（征求意见稿）作了全面的否定。全文转录如下：

“要妥善处理民法和经济法的关系。民法通则（征求意见稿）中第二条的提法意味着除刑法和行政法调整的财产关系之外，所有的财产关系、经济关系都受民法调整。这样的规定，在理论上说不过去，在实践上行不大通。

刑法并不直接调整财产关系，它所解决的问题是罪与罚。行政法是调整国家机关之间及其与公民之间关系的，它也不直接调整商品交换过程中发生的财产关系。以此，对民法通则（征求意见稿）的提法，是很值得商榷的。

民法通则（征求意见稿），想把整个经济生活中发生的社会关系——经济关系，全部囊括在民法中，是很不科学的。我国的经济是建立在公有制基础上的社会主义计划经济，也即有计划的商品经济。经济关系的发生、变更和消灭，不同于资本主义市场经济，有其自己的特殊性。因而，对在有计划的商品经济条件下发生的一切经济关系，统统拿处理一般商品经济条件下发生的财产关系的平等、自愿、等价、有偿的原则调整，是不符合我国经济生活实际的。

以计划法律关系为例，它所调整的经济关系显然也是一种财产关系，但在这个法律关系中其主体、内容和权利、义务所指向的客体都有自己的特点。主体中既有国家机关又有企事业单位和其他社会组织。单就国家机关之间发生的关系来说，则是由于制定计划和执行计划所引起的，这种关系不是行政关系，也不是一般的民事关系，而是计划经济关系。主体间各自所承担的权利与义务是对应的，但并不完全是平等、自愿的。特别是在指令性计划的情况下，主体之间关系的发生更不是平等、自愿的，客体之一的产品的转移也不完全是等价的，即是说，计划执行单位必须服从国家下达的计划。这一点与民事法律关系的区别是非常明显的。计划法律关系中的客体与民法的客体也不同，它除物——商品之外，还有许多必须完成的计划行为和指标，如计划的编制、人口出生率与增长率、环境质量、犯罪率等，把这些计划行为和指标，纳入民事法律关系的客体中是不妥当的，这也是显而易见的。

这里还应强调指出的是，我们实行的计划经济，而计划涉及的领域十分广泛，有经济的、科学技术的，还有社会发展方面的；在经济领域中又涉及生产、交换、分配、消费多个环节。根据我国的国情，经济和社会发展方面主要活动都是在国家计划指导下进行的，尤其是对关系到国计民生的少数重要产品和关系国民经济全局的重要经济活动，还要继续实行指令性计划。所有这一切说明，在我国的经济生活中计划的指导作用是巨大的，重要经济关系的发生、变更、消灭，都受着计划的制约。因此，很有必要针对我国发展有计划的商品经济这一基本特征，完善调整我国经济关系的经济法，以适应社会主义经济发展的要求。此项任务，现有的民事方面一些单行法律和规定是承担不了的，就是再制定一个民法通则也是满足不了经济发展的要求的。

不同意把民法的调整范围扩展到适用于一切经济关系的理由，除了上面讲的以外，从法的发展历史和今后发展的趋势来看，经济法也是可以而且应该成为我国法律体系中的一个基本法而存在的。在法的历史上，最早的时候，许多国家的法是民刑不分的，随着商品经济的发展，民法才成为一个单独法律部门。在社会化生产和商品经济进一步发展的今天，经济关系更加复杂，民法已经不能满足需要，新的单行的经济法规不仅应运而生，且越来越多，形成一个新的法律部门。一些国家已经把经济法从民法中分立出来，单独制定了经济法。在我国，经济法规的大量存在已是客观事实，今后随着有计划的商品经济的发展，经济法规也将日趋完备。从调整经济关系来看，许多已经明确，不大明确的在深入调查研究实践经验的基础上也可以作出科学的表述。总之，我国的法律体系中，将经济法作为一个基本法、一个单独的法律部门的条件已经具备，当然，经济法在理论上，由于研究工作开展的时间较短，不够深入，有一些问题还没有作出科学的概括，并加以系统化。但是，我们不能因为理论工作的落后，就在立法实践上硬用本来无法调整所有经济关系的民法来代替经济法。这样做，对于我国法制建设是不利的。基于上述看法，我建议在立法时要妥善处理民法和经济法之间的关系，使两者合理分工，建立起具有中国特色的社会主义民法和经济法。”[85]

（5）法工委邀请经济法专家对民法通则（草案）提意见

毫无疑问，国务院经济法规研究中心和经济法学界对民法通则（草案）的反对意见，引起了立法机关的高度重视。1986 年 1 月 29 日、30 日，法制工作委员会民法国家法室专门邀请在京的经济法专家座谈民法通则（草案），征求意见。

座谈会上的主要意见是：“法人之间的关系不完全是平等的，它们之间的经济关系往往是纵向调整，其活动要纳入国家计划的轨道。法人的活动是一种国事活动，不是民事活动。因此，建议法人之间的财产关系由经济法调整，民法只调整公民之间、公民与法人之间的财产关系。”“我国的经济的特点是有计划的商品经济，离开这个特点谈财产关系就易出问题。如我国的法人与资本主义国家的法人不同，大多是社会主义组织，在公有制基础上形成，在计划指导下从事经济活动。此外，党中央关于经济体制改革的决定指出，要使国营企业成为具有一定权利义务的法人，这不仅指民事权利。也包括法人的人、财、物、供、产、销问题。而且，从法人的设立到法人的终止，多属上下级的管理问题，与民法的基本原则也有矛盾。国家所有权问题是所有制问题，不能看作民事权利。建议法人、所有权、时效在民法里不作规定，可以制定单行法。”“民法着重调整公民和法人之间的非经济业务关系。法人之间的财产关系由经济法调整。工业产权不是横向经济关系，放在民法里调整不恰当。”[86]

（6）顾明同志批判民法通则（草案）意见书

1986 年 2 月 3 日，法制工作委员会副主任项淳一、顾昂然同志到国务院经济法规研究中心征求顾明同志对民法通则（草案）的意见，顾明同志谈了意见后，又把自己《关于对民法通则（草案）的意见和制定急需单行法规的建议》交给法制工作委员会。顾明同志这一意见书刊登在《法制工作简报》第 23 期 [87]。顾明同志的意见书，对民法通则（草案）作出否定的判断，并全面系统地阐述了经济法学界对制定民法通则的反对立场和五项理由。考虑到这一“意见书”的珍贵文献价值，特将全文转录如下：

“自从去年十月讨论民法通则(草案)以来，已讨论了四稿。经济法界反应强烈，多数同志主张，不宜过早地制定这种带有法典式性质的通则。为适应当前经济需要，可先制定一些急需的单行法规。

制定这样一部民法通则，应该考虑以下一些根本性的问题：它是否符合我国当前实际；它有没有应有的民主立法程序和广泛的群众基础；它对我国法律体系的建立和法律科学的发展能否起到促进作用；它对法律、法学队伍能否起到团结、协调、巩固和壮大的作用；最后一点，它与党和国家在立法方面的方针和部署是否一致。

从民法通则（草案）前后几稿看，起草者始终是把它作为经济领域中的一部基本法来制定的。我们的经济领域中确实应该有一部基本法。但是，在现阶段，制定这样一部基本法的条件，无论从经济根基看，还是从法律、法学的自身状况看，都还不够成熟。过早制定是不适宜的。

一、我国是有计划的商品经济。这是一种新型的商品经济。它根本不同于资本主义的商品经济，也有别于苏联模式的计划经济。对于这样一种有计划的商品经济，法律究竟应该如何调整，我们的探索才刚刚开始。但有一点是可以肯定的，对它的法律调整，是既不能套用资产阶级的民法理论，也不应搬用苏联的民法观点的。必要的借鉴是应该的，可以的，但不应受它们束缚，更不能照搬。从民法通则（草案）几稿看，起草者是力图体现中国社会主义民法特点的。但在基本层面却始终跳不出从罗马法、法国民法典到苏俄民法典的窠臼。从现有民法通则（草案）的立法指导思想和所规定的各项主要制度看，是很难全面、系统地调整我国有计划的商品经济关系的。前后几稿对待计划的观点就是一个有力的例证。

二、法是不能脱离经济实际的。我们正在进行全面的经济体制改革，中国式的社会主义经济体制正在形成中。在这一过程中，为适应体制改革的需要，尽多尽快地制定单行经济法规，是必要的，也是可行的。但是，作为全面反映我国经济制度、经济关系，而且应该具有相当稳定性的基本法，却不应脱离我国经济体制正在变革的现实而过早地制定。脱离经济根基的法，将或者给社会经济生活造成混乱，或者被社会经济的发展突破而夭折。

在经济领域中最重要的所有权、经营权问题，二者的联系和区别，以及与之相联的国家与全民所有制企业之间的关系，这一系列问题究竟如何确立和调整，从理论到实际，从经济学到法学，都还没有解决。许多经济法学者已指出，在社会主义社会中，占主导地位的所有权是姓‘国’，而不是姓‘民’。这与资本主义私有制下所有权占主导地位的情况是根本不同的。既然如此，民法就无权单独规定所有权制度，尤其无权规定国家所有权。可见，有关所有权的法律规定还存在一些根本性的问题，不应过早地用通则的形式固定下来。用从法国民法典搬下来的所有权理论和制度，去简单地套我们的经济现实，那是不行的。

三、民法通则（草案）也严重脱离我国法律和法学的现实。党的十一届三中全会以来，经济法蓬勃兴起，无论在经济立法、经济司法，还是在经济法学教学和理论研究方面，都取得了巨大的发展，其发展速度之快、规模之大，远远超出其他法律部门。经济法的体系、理论，也已初步形成。这些是谁也不应忽视的一种客观现实。民法与经济法都是调整经济关系的。两者的争论由来已久，而且是一场国际性的争论。制定民法通则绝不是民法一家的事，更不是少数民法学者的事。而应该通过民主立法程序，反复、广泛地征集各方面的意见，特别是经济法律工作者的意见。这样才能统一思想，统一认识，一致行动，利国利民。

民法与经济法之争，绝不仅仅是什么学术之争，而是有关我国法律体系如何确立的百年大计问题，甚至是涉及我国经济体制改革的方向问题。

按照民法通则（草案）第二条规定以及关于草案的‘说明’，民法调整范围包括着法人之间在平等地位上发生的横向财产关系。这就必然与经济法所主张的调整对象发生重合和矛盾。多数经济法学者并不绝对地认为民法不能调整法人之间的关系。这也不是什么谁侵犯谁的问题。经济法学派既不能以自己的理论主张强加于人，民法学派也不应以历史上的既成模式作根据，作为自己主张的天经地义的理由。大家都应该从我国国情和经济需要出发，共同探讨和确立对我国经济生活进行法律调整的最合理的格局。

经济法观点认为，在我国社会主义经济生活中，法人之间发生的经济关系更多的是属于经营管理性质的经济关系。它与公民之间发生的，以及以满足公民需要为中心目的的在公民与法人之间发生的经济关系，有着明显的区别。法人之间的经营管理性质的经济关系，多是在社会主义公有制基础上产生的；是在生产（广义上的生产，包括流通、分配和消费）领域中发生的；它们与国家计划有着更多更直接的联系；它们往往不仅具有财产关系的内容，而且具有组织管理的性质。而公民之间以及公民与法人之间的财产关系，多半属于社会消费领域内的，与国家计划、国家的组织管理往往没有更多更直接的联系。

两类关系的经济特点不同，决定了它们的法律调整也应该有所不同。对法人之间的经营管理关系的法律调整，必须把国家统一领导和法人相对独立结合起来；必须把宏观控制和微观搞活结合起来；必须把计划和经济合同结合起来；必须把纵向经济关系和横向经济关系结合起来。这些都是我们有计划的商品经济的客观要求。这些客观要求从民法的传统理论和现有主张看，都是很难满足的。所以应该由一门新兴的法律部门——经济法去调整。

当然，两者的调整范围很难绝对地划清。但可以以如何对经济发展更为有利为标准，作大体的划分。

再如法人问题。民法通则（草案）几稿的规定始终是一个极为一般化的民法概念，是一个放之四海而皆准的概念，是一个既可在社会主义国家适用，又可通行于资本主义社会的概念。作为社会主义民法，不反映法人的社会主义特点，一直坚持这样一个一般化的概念，是不相宜的。也可能有的同志说这是对外经济交往的需要。但是，我国的法人绝大多数是社会主义性质的，是和国家计划、国家管理直接相联系着的。少数涉外的合营企业等，我们可以通过特别条款给以规定，不能因此就根本抹掉社会主义法人应有的本质特征。

经济法观点认为，在社会主义制度下，在社会主义法律体系中，作为活跃在经济生活里最基层的经济实体和最广泛的法律关系主体的法人，不应该仅属于民法体系。实际上，在许多法律部门中，都有关于法人的规定。甚至在刑法学中也在讨论法人能否构成犯罪的问题。法人应享有的权利和应承担的义务，也不只是民事权利和民事义务。它的权利和义务中更多的是属于经济权利和经济义务的。宪法所规定的全民制企业法人享有的经营管理权，就不只是民法通则（草案）所规定的属于民事权利的财产权，而且还包括着人事劳动、生产组织、行政指挥等多种管理权利。在党中央制定的关于经济体制改革的决定中,明确提出要使企业成为具有一定权利和义务的法人。这里并没有提出法人只具有民事权利和民事义务。党中央是站在更高的全局立场上看待法人问题的，是主张建立更广泛意义上的法人制度的。可见，法人概念和法人制度不应为民法所独占；由各个法律部门分别建立自己的法人制度的做法也不妥。我们应该建立一个为各个法律部门共用的统一的法人制度和法人概念。可见，民法通则（草案）所规定的法人定义，是不能反映我国社会主义特点的；是不符合我国实际的；是不够科学的；与党中央的决定也是不一致的。

与前述所有权、经营权问题相联，有关法人的许多基本理论问题，如全民制企业的法人有没有所有权，它的经营权的性质及其限度，它能不能作破产处理，以及法人的法定代表的地位等，都没有解决。不从实际出发去认真地探索我国法人的基本问题，只是把传统的外国的法人概念和理论搬过来，虽然简单省事，但它并不能真正解决我们经济生活中的现实问题。

诚然，在我们当前经济领域中，一些非法组织在破坏着经济秩序。法人制度应该尽可能快地建立，大量的涉外经济活动也要求我们尽快地颁布有关法规。但鉴于上述各点理由，不应该过早地用法律形式由民法通则把它单独规定下来，也不应以此作为及早制定民法通则的理由。制定单行的法人条例完全可以满足上述需要，而且这种方式也是目前比较适宜的一种解决方式。

四、从民法通则（草案）的结构、内容看，是很难作为统领经济法规的基本法的。民法通则（草案）难以统领经济法规的基本原因，是由于它不能全面、系统地反映有计划商品经济的客观要求，不能科学地解决对有计划商品经济关系的法律调整问题；同时，也由于它本身的内容、结构、体系不够科学。

比如，关于民法的调整对象，民法学派内部意见就不一致，有说是调整财产关系和人身关系，有说是调整平等的横向的经济关系。民法通则（草案）及其‘说明’，却是把上述两种观点交替并用，采用双重标准。这就必然使民法自身在理论和实践上造成极度的混乱；必然使民法的调整范围一而再、再而三地扩大，条款越来越多，内容越来越庞杂。包括了经济合同法、商标法、专利法、工商企业登记法、工业企业法、环境保护法，等等，甚至还包括了已经不属于商品经济关系范围的婚姻法。似乎只要是规定有平等关系的法，只要是采用民事赔偿手段的法，都应该囊括进民法体系。这样的观点和做法是危险的：第一，它会把我们的法律体系搞乱，使许多法律部门都无法独立起来。第二，它将人为地分裂许多本来是统一的法规。比如，商标法、专利法，它们是规定有平等的财产关系，如商标、专利的转让；但它们也同时规定有更多的纵向管理关系。民法同志根据前一类关系就一再声称它们是民法的组成部分，那么后一类关系又该属于谁呢？民法显然不能统领这类关系，只好把这类规范交给行政法。若如此，岂不是把一个统一的法规人为地分属于两个法律部门吗？第三，这种做法很可能把民法自身否定掉。一些民法同志经常批判经济法没有统一的调整对象，是个大杂烩。民法通则（草案）现在的这种观点和做法，比之经济法，恐怕更有过之而无不及，更难于自圆其说。

经济合同法也存在类似问题。民法通则（草案）认为经济合同法属于民法体系，许多民法同志认为这是天经地义、不容置疑的。其实也不尽然。经济合同是一种合同，但它是一种新型的合同。与一般民事合同有着明显的区别。经济合同是法人之间的协议；是法人为实现经营管理的经济目的而签订的；经济合同总是直接或间接地与国家计划相联的，是实现国家计划的重要法律手段；经济合同法的首要原则是符合国家计划的原则，从经济合同的签订、变更、解除、无效认定、违约处理，都要受计划的制约；签订经济合同过程中的意志顺序也是先国家、后主管部门，两者均无规定，由当事人协商确定；此外，还专章规定了对经济合同的管理。可见，在经济合同法中不只是平等的财产关系，也包括有很多组织管理关系，也是纵横结合的。这些都是一般民事合同所不具有的。把这样一部法规简单地归入民法体系，也是不科学的。

民法通则（草案）本身存在着前后内容不一致的矛盾。如第三条规定了民事活动中当事人地位平等的原则。但后面各章中的内容却有不少与这条相矛盾。如法人、所有权、经营管理权、承包权等，并不都是平等的关系。在国家所有权中行使所有权的国家与行使经营权的法人的地位如何平等？经营管理权、承包权也不能一概说成是一种平等关系的权利。

民法通则（草案）在结构上也存在着原则与具体的矛盾。从通则本身含义看，应该只能是基本的原则的规定，草案却在许多条款中把有关的具体法规的具体内容都转录过来，转录的又常常是不完全、不准确、不一致的。当没有相应的单行法规时，草案又不得不作过细的规定。如第七十七条突然冒出租赁合同；损害赔偿中也规定得太细。这些都再一次证明企图制定一部无所不包的法典是困难的。

此外，许多概念，如民事活动、民事行为、民事权利、民事义务、民事责任等，都没有准确的含义。这种状况将来会后患无穷。

五、民法通则（草案）的制定与党和国家在经济立法上的方针和部署并不协调一致。党中央、国务院从十一届三中全会以来就一再强调要加强经济立法和经济司法。党中央‘关于七五计划的建议’中又明确提出要建立比较完备的经济法规体系。广大经济法律工作者深受鼓舞，都在各自的岗位上为实现党中央的这一伟大号召而努力地工作着。但是，在民法通则（草案）起草过程中以及关于草案的‘说明’中，却根本不提党中央提出的建立经济法规体系这一当前立法工作的主要目标和中心任务，这是不妥当的。既然起草者认为民法通则（草案）是经济领域中的基本法，那就不可能回避与建立经济法规体系的关系问题。现在看来，在我们立法工作中的两层皮问题有所发展，我们不应重蹈苏联立法史上的覆辙。

苏联在二十年代颁布苏俄民法典时，就已经产生了经济法流派观点。民法学派在苏联的权力机关占有优势，那里在积极地制定民法纲要；而其部长会议系统却大力推行经济立法。民法学派与经济法学派遂展开了旷日持久的争论，至今仍统一不起来。这是苏联立法史上一种不幸的分裂局面。我们的法律体系正在形成，一切完全可以根据我国的国情从头开始。我们何必非要像苏联那样去背那个长期争论不休的沉重包袱呢？！我们应该有领导地对民法和经济法进行适当的协调和分工，使民法和经济法都能兴旺地向前发展。

我们希望民法问题稍稍从容从事，不要急于通过民法通则。这对大局和各方面都是有利的。否则，那将对经济立法、经济司法，特别是经济法学研究和经济法学教学，带来严重的影响。将给经济法这一门新兴的法律部门和法律科学造成混乱。因为，如若按照民法通则（草案）的规定，现已初步建立起来的经济法理论和体系，都将无法继续发展。许多已出版的经济法教科书都将不得不彻底修改或根本报废。经济法课也将讲不下去，因为一个不成体系的法律部门是不能成为一门法律科学的。现有的经济法专业、经济法系的设置也将出现问题。我们的法律、法学领域由于经济法的出现而带来的活跃、兴旺局面，将受到挫折。在法律、法学领域中，不是激起更严重、更无休止的论争，便是回到过去多年来那种沉闷、保守的境况中去。这对我们的经济建设、法律和法学建设（其中也包括民法）都是极其不利的。

在当前体制改革和经济建设中，有许多法规确实是亟待制定的。我们为‘七五计划建议’配套而拟制的‘七五立法规划’，就是为了加快经济立法而制定的。经济领域内有些基本法律制度，由于上述原因，虽然不能一时把它们捏进一个基本法内，但为了解决急需，还是可以采用我们过去一套行之有效的老办法的。即先制定单行条例。当前最主要的如法人条例、联营条例、时效条例以及有关个体户、农村承包经营户的法律地位、公民合伙经营、保护企业等有关法规，都可采用单行条例方式解决。

先立单行法规，不仅能及时地满足对某些经济过程、经济关系进行法律规定和调整的紧迫需要，而且是一条与当前情况相适应的立法方式。因为，制定单行法规程序比较简便，适应性强，可变性大。可以通过实践进行检验和修正，在总结经验的基础上，再由权力机关制定具有更高效力、稳定性更强的法律。”[88]

（7）17 位经济法教师上书中共中央

经济法学界当然知道他们的这些意见，对于民法通则来说是致命的，被全国人大常委会所采纳的可能性不大，能够阻止全国人大常委会制定民法通则的进程的，唯有中共中央。因此，他们在 1986 年 2 月 27 日，直接上书中共中央，指陈民法通则（草案）的重大错误，认为不宜提交即将召开的六届全国人大四次会议表决通过。考虑到这封由 11 所院校的 17 位经济法教师署名的信所具有的重要文献价值，特将信主文转录如下：

“制定一部符合我国国情的民法通则是必要的。但是，现在草拟的民法通则，反映不了我国的国情，特别是解决不了在经济体制改革中提出的许多法律问题。为此，我们通过各种方式，多次对一些重大原则问题提出了修改意见，但基本上未被采纳。我们出于对我国社会主义法制建设的关心，只好向中央领导同志反映意见。我们认为，如果对民法通则（草案）不作原则性的修改，而在本次全国人大会议上通过是不适宜的。

一、现在的民法通则（草案）中的一些关键性内容不符合中央《关于经济体制改革决定》中加强经济立法的精神；不符合中央《关于七五计划建议》中建立比较完备的经济法规体系的战略部署；不符合建立具有中国特色的法律体系的要求。我国实行的是有计划的商品经济，许多经济关系和经济活动准则需要用经济法律形式固定下来，这个任务主要应当由经济法来完成，民法担负不起调整所有平等主体之间的经济关系的任务。

二、在经济体制改革中，国家加强了经济立法。彭真同志曾经指出：‘经济法是基础法，是最重要的法’。紫阳同志也曾指出：‘刑法民法也固然要，但是最重要的是经济法’。但是，现在起草的民法通则（草案），把本来属于经济法的内容，如企业登记法、经济合同法、专利法、商标法、环保法等都囊括进去了。这不仅不符合中央领导同志的讲话精神，而且势必给整个法制建设带来混乱。

三、根据我国《人民法院组织法》的规定，现在各级人民法院都设置了经济审判庭。按现行规定，违反工业企业法规、工商企业登记法、专利法、商标法、经济合同法等经济案件，应由经济审判庭审理。正当中央《关于七五计划建议》强调加强经济审判工作的时候，如果把上述法规划入民法范围，就必然会导致经济审判庭名不符实。这不仅不符合现行法律的规定，同时，也会给经济司法带来混乱。

四、纵观世界立法，运用经济法管理经济已经成为世界各国普遍的发展趋势，即使像苏联这种在经济法制建设上走过曲折道路的国家，也开始重视经济法。在党中央的领导下，我们完全能够避免苏联已经走过的弯路。

为了更好地发挥经济法在经济体制改革和社会主义建设中的作用，实现中央关于建立比较完备的经济法规体系的要求，北京大学法律系的一些同志建议起草经济法纲要。对此，中央领导同志作了批示。根据批示精神，由国务院经济法规研究中心牵头，正在起草《经济法纲要（草案）》。为此，我们建议：

第一，《民法通则》和《经济法纲要》的起草工作，应当统筹安排，同步进行，使这两个法律在促进社会主义建设方面，能够相互协调地发挥作用；

第二，为了适应对内搞活、对外开放的需要，可以先颁布一些急需的单行法规，如《法人制度条例》《国营工业企业法》《公司法》《代理制度条例》等。”[89]

（8）全国人大常委会请经济法专家提修改意见

中共中央对 17 位经济法教师的信作何反应，我们不得而知。但只要对中国政治体制稍有常识，就应当知道，像制定民法通则这样的基本法性质的立法，不事先经过中共中央政治局常委会慎重研究并作出决定就提上立法日程，是不可想象的。3 月 14 日全国人大常委会委员长会议提议，“请参加经济法纲要起草工作的经济法专家对民法通则（草案）的具体条款提出修改意见。”[90] 据此，可作如下推测：中共中央政治局已经收到 17 位经济法教师的信并转给全国人大常委会，因此全国人大常委会委员长会议提议，请参加经济法纲要起草工作的经济法专家对民法通则（草案）的具体条款提出修改意见。请注意“委员长会议提议”的着重点在于，征求参加经济法纲要起草工作的经济法专家“对民法通则（草案）的具体条款”的修改意见，而不是征求对于“应否制定民法通则”的意见。由此可知 17 经济法教师的信对于中共中央（和全国人大常委会）制定民法通则的决定并未产生任何影响。

按照全国人大常委会委员长会议的提议，国务院经济法规研究中心召集在京的参加经济法纲要起草工作的经济法专家，对民法通则（草案）进行座谈，对草案的具体条款提出修改意见。会后，经济法规研究中心将会上提出的意见反馈给全国人大常委会，主要意见如下：

“民法是在私有制的基础上产生的，它的基本原则和基本制度在公有制占绝对优势的社会主义社会的财产关系（经济关系）中如何贯彻实施，在我国和苏联等社会主义国家都还没有成熟的经验。目前，还有许多问题看不清、摸不透，不能对它们作出明确的、切实可行的法律规定。例如，什么是民事关系，什么是法人制度；什么是全民所有制企业的经营权，它同所有权有什么联系、有什么区别；全民所有制企业对国家授予它经营管理的财产有没有所有权，这些财产可否全部用于清偿企业的债务；等等。”[91]

“关于民法和经济法的调整对象，民法通则（草案）的‘说明’提出按横向、纵向经济关系划分。但是，我国的社会主义经济，是在公有制基础上的有计划的商品经济，管理经济是我们国家的一项基本职能。从整体上说，横向的经济关系不可能从根本上摆脱国家计划的制约，不可能完全贯彻实施民法的平等、自愿、互利的原则。也就是说，在我国纵向的经济管理关系和横向的经济协作关系很多是有机结合在一起，而无法机械划分的。这种纵横结合的经济关系应当由什么法来调整，如何科学划分民法和经济法的调整对象和调整范围，这些问题还有待进一步研究解决。”[92]

“民法通则（草案）的有些条款，同第二条关于民法调整对象的规定也不一致，应当删去，或作适当修改。例如，第七十七条等关于国家财产的规定，内容不属于平等主体之间的财产关系，建议删去。”“承包合同双方发生的权利义务关系，主要是纵向的经济管理关系，而不是平等主体之间的横向关系，因此承包合同关系不宜纳入民法调整范围，建议删去第七十九条。”“在申请和审批专利权和商标权过程中发生的社会关系，都不是平等主体之间的横向财产关系，建议删去第九十三条、九十四条。专利法和商标法的调整对象，主要的都是纵向的经济管理关系，而不是横向的经济协作关系，因此专利法和商标法都不应归属于民法。”“建议在民法通则（草案）‘说明’中提到的纵向经济关系主要由有关的经济法调整，改为纵向的经济关系和纵横结合以纵向为主的经济关系由经济法调整。”“在民法通则（草案）的‘说明’中没有明确指出，企业内部组织如车间、班组之间的经济协作关系不是由民法而是由经济法调整。这样可能造成误解，好像企业内部平等主体之间的关系也是由民法调整的。建议加以明确。”“此外，大家对把婚姻法和某些道德规范也纳入民法范畴，也提出了不同的意见。”[93]

（9）法工委再次征求经济法专家的意见

同年 3 月下旬，法制工作委员会民法国家法室又将民法通则（草案）（3 月 8 日、20 日稿）分送在京的 9 位经济法专家征求意见，有 8 位经济法专家提出了书面意见。针对关于民法调整范围的第二条规定，有两种不同意见。多数专家坚持认为“社会主义经济关系的法律调整，应当是纵横统一的，而不应分而治之。将横向经济关系交由民法调整，纵向经济关系由经济法调整，这在理论上站不住脚，实践上行不通。经济立法应当坚持一元论，不要搞二元论”。“专利、商标、婚姻不属于民法范围，建议通则不做规定”。但有两位专家明确表示“赞成横向的经济关系和人身关系由民法调整，经济法只调整纵向的经济关系。”[94]

（10）笔者发现这些资料后的感言

国家立法，就像法律女神手中的那架天平，民法起草和经济合同法起草‘同时并进’之时，天平基本保持了平衡，民法学界和经济法学界的学术论争，虽攻防形势时有变化，但双方阵营同样士气高昂、满怀信心。随后，经济合同法颁布实施，全国人大常委会突然宣布解散民法起草小组、民法起草暂停，天平猛然向经济法一边倾斜，致使民法学界一边消沉下去，而经济法学界一边士气倍加高涨。时隔三秋，全国人大常委会启动民法通则起草工作，法律女神手中的天平猛然反过来向民法学界一边倾斜，致使陷入消沉悲观的民法学界重新振作了士气和信心，却同时引发经济法学界的普遍不满。民法学和经济法学，同属于实用法学，其兴衰隆替难免受国家立法活动的影响、制约。

顾明同志意见书中不无调侃语气的“民法同志”，虽然隐约听说民法通则座谈会上有人发表反对制定民法通则的长篇批判发言；隐约听说经济法规研究中心在广州召开经济法理论工作会议批判民法通则；隐约听说经济法学界在什么地方闭门起草经济法纲要；隐约听说经济法学界向中共中央上书，要求阻止民法通则草案提交全国人大大会表决。但在当时特定的历史条件之下，这些隐约听说的信息，既未载诸新闻媒体，亦未在单位内部传达，使“民法同志”如坠五里雾中，不得而知其内容，亦难辨其真假。至于顾明同志全面否定民法通则（草案）的长篇意见书，就是笔者也是在撰写本文之时于无意之间偶然发现的，“民法同志”在当时如何能够得而知之？其时正为立法机关制定基本法性质的民法通则所鼓舞，群情振奋，斗志昂扬，群策群力地为制定一部科学、进步的民法通则而奋斗的“民法同志”，在准备迎接“民法的春天”到来之际，心底难免对民法通则能否顺利获得通过，“民法的春天”能否如期而至，隐隐然有一丝不祥疑云。

实际上，当立法机关宣布解散民法起草小组、民法起草工作暂停之时，虽然民法学界一度陷入消沉和迷茫，但他们与经济法学界之间的论争并未有任何松懈和稍歇，反而有绝地求生的勇气，你看民法学界反击大经济法观点的一大批论文和著作，大抵产生于 1982 年立法机关宣布民法起草暂停之后、1985 年立法机关启动民法通则起草之前这一时间段，产生于 1985 年立法机关开始起草民法通则之后的绝少。

鉴于立法机关对于国务院经济法规研究中心和经济法学界反对民法通则制定和批判民法通则（草案）的这些意见严格保密，迄今没有看到当时有哪怕一位民法学者站出来反驳、反击这些错误意见。质言之，肇端于 1979 年的这场民法学经济法学两大学科之间的学术论争，因 1985 年立法机关启动民法通则起草而发生了性质改变，变成了国务院经济法规研究中心和经济法学界意图阻止中国立法机关（全国人大常委会）制定民法通则的一场大批判和立法论争。

四分之一世纪之后的今天，笔者为撰写本文而反复阅读玩味这些针对立法机关和民法通则（草案）的自以为真理在握的大批判文字时，突然萌生出这样的念头：假设全国人大常委会法制工作委员会将国务院经济法规研究中心和经济法学界这些大批判文字（发言、意见书、给中共中央的信）悉数公之于众，会不会引发一场其激烈程度远远超过 2007 年所谓“物权法违宪”的意识形态论战？！如果真如此，在当时经济体制改革尚在摸索方向的特定历史条件之下，假设六届全国人大常委会特别是担任委员长的彭真同志，在面对这一场真刀真剑的大批判时哪怕稍微有一点犹豫，民法通则还能够顺利通过吗？如果当时民法通则未能通过，中国民事立法、中国民法学、中国社会主义法律体系，能够是今天的模样吗？行文至此，不禁对于彭真委员长和六届全国人大常委会、六届全国人大法律委员会、六届全国人大常委会法制工作委员会坚定不移、排除重重阻力和障碍，最终使民法通则获得颁布，油然而生赞佩之意！

从左至右分别为：谢怀栻、吴建璠、刘翰、张友渔、王叔文、郑成思

6. 代结语：民法通则开辟了一个时代

张友渔先生在民法通则颁布后指出："第六届全国人民代表大会第四次会议通过了中华人民共和国民法通则，并决定从 1987 年 1 月 1 日起生效。这是我国人民政治生活和经济生活中的大事件，是社会主义民主和社会主义法制建设的一大成就。民法通则的颁行，对于巩固经济体制改革已经取得的成果和保障改革顺利进行，对于加速社会主义物质文明建设和精神文明建设，对于在平等互利原则基础上发展对外经济技术合作，必将起到巨大的作用和产生深远的影响。"[95]

谢怀栻先生在民法通则颁布一周年指出："民法通则的制定是我国民事立法中的一件大事，改变了我国没有民法的历史（在这以前，婚姻法被认为是一个独立的法律部门，经济合同法被认为属于经济法，都不属于民法）。民法通则虽然不是一个完全的民法典，但因其内容涉及民法的各个方面，民法通则在人大通过前，主持立法工作的同志又说明了我国民法的全部范围，这就使我国多年来法学界（包括民法学界）关于民法范围的论争得到初步澄清，至少从立法角度说，得到初步确定。民法的地位得到最终的肯定。”“回想 1979 年前后风靡我国法学界的‘大经济法小民法’乃至‘民法取消论’的那些理论，我们不能不承认，在我国，由于种种原因，民法几乎在法学中失去地位。后来，也由于种种原因，民法重新恢复了一个部门法的地位。这一段曲折的历史，将来会载入我国的法制史中”。[96]

王家福先生在民法通则颁布四分之一世纪后回顾：“民法通则起草工作真正做到了充分发扬民主，参与起草的每个同志都畅所欲言，每个章节的标题，每个条文的表述，都经过反复讨论，大家思想解放，思路开阔，没有受计划经济条条框框的约束。起草小组的所有同志都倾注了心血，作出了贡献，它是民法学者和立法工作者智慧的结晶。”“民法通则起草工作的民主，还突出体现在第一次正式开启了立法机关的专家、实务部门的专家和民法学者相结合的起草先例，充分发挥了三者的长处，使起草工作达到最佳的效果。”[97]

“民法通则为社会主义市场经济构建了基本的法制框架。民法通则划清了公法和私法的界限。它明确规定民法调整平等主体之间的财产关系和人身关系，确认了民法是私法而非公法；规定了体现私法自治要求的平等、自愿、公平、等价有偿、诚实信用等民事活动的基本原则；规定了自然人、个体工商户、农村承包经营户、合伙、国有企业法人、集体企业法人、联营等的市场主体制度；规定了法律行为、代理、合同等基本交易规则；规定了违约责任、侵权责任等基本权利救济制度，为我国由计划经济向市场经济的顺利转型提供了根本的法律前提。”[98]

后记：

笔者出生于川西农家，大学毕业后在昆明远郊一小小国企担任工会干事，凭国家恢复研究生制度之好风，侥幸考入中国社会科学院，在导师王家福先生的引导下从事民法学术研究，得遂平生精忠报国之志。恭逢导师王家福先生八十寿诞之喜，特撰写这篇记录民法经济法研究室期间追随先生亲历学术立法论争的纪实文字，衷心祝愿先生长寿和康健！

2010 年 6 月 5 日完稿于北京城南半夏书屋

[1] 胡乔木：《按照经济规律办事，加快实现四个现代化》，人民日报 1978 年 10 月 6 日。

[2] 铃木贤：《中国民法经济法论争的展开及其意义》，北海道法学 39（4.195）第 1009 页。

[3] 见 1986 年 2 月 27 日 11 院校的 17 位经济法教师致“中央书记处并中央领导同志”的信（复印件），收文号：“第 264 号 86 年 3 月 4 日”，第 1 页。

[4] 邱本：“可以说，当时中国经济法学的繁荣，客观地说是繁而不荣，甚至是虚假繁荣”。见邱本《经济法学三十年》，载于李林主编《中国法学三十年》，中国社会科学出版社 2008 年 10 月第 1 版，第 250 页。

[5] 王仲方（1921 －），曾担任公安部长罗瑞卿同志的政治秘书，文革中受迫害，文革结束后曾担任中国社会科学院党组成员、副秘书长兼法学研究所所长，中宣部办公厅主任，国家对外文委副主任，中国法学会党组书记、会长。

[6] 徐益初《法学规划会议在京举行》，法学研究杂志试刊 1979 第 1 期，第 48 页。

[7] 于光远：《对法学研究工作的一些意见——在全国法学规划会上的讲话（摘要）》，法学研究杂志试刊 1979 第 2 期，第 10、12、14 － 15 页。

[8] 当时主张大经济法观点的四位先生都是民法学者，在进入 80 年代后四位先生都相继放弃了人经济法观点。

[9] 魏振瀛：《建立中国式的经济立法体系》，法学研究杂志试刊 1979 第 4 期，第 14、15 页。

[10] 齐珊：《经济法是一个重要的独立的法律部门》，法学研究杂志试刊 1979 第 4 期，第 15 － 16 页。

[11] 江平：《民法与经济法的划分界限》，法学研究杂志试刊 1979 第 4 期，第 17、18 页。

[12] 余鑫如：《经济法要不要成为一个独立的法律门类》，法学研究杂志试刊 1979 第 4 期，第 18、19 页。余鑫如先生当时担任法学研究所民法经济法研究室副主任，给研究生讲授“中国民法学”课，于此次座谈会后不久即放弃大经济法观点，改持大民法立场，与王家福、谢怀栻、王保树、梁慧星、余能斌合著《合同法》一书。该书为大民法观点的代表作，于 1982 年开始撰写，1984 年 9 月统稿完成，1986 年 6 月由中国社会科学出版社出版。

[13] 佟柔：《民法的调整对象及民法与经济法规的关系》，法学研究杂志试刊 1979 第 4 期，第 16、17 页。

[14] 王家福：《一定要制定民法》，法学研究杂志试刊 1979 第 4 期，第 20、21 页。

[15] 孙亚明：《研究民法、经济法的基本出发点》，法学研究杂志试刊 1979 第 4 期，第 19 页。

[16] 中国社会科学院法学研究所民法经济法研究室著《经济建设中的法律问题》，中国社会科学出版社 1982 年 10 月第 1 版，第 22 页。

[17] 芮沐：《民法与经济法如何划分》，法学研究杂志试刊 1979 第 4 期，第 22 页。

[18] 芮沐：《民法与经济法如何划分》，法学研究杂志试刊 1979 第 4 期，第 22 页。

[19] 铃木贤：《中国民法经济法论争的展开及其意义》，北海道法学 39（4.195）第 1017 页。

[20] 铃木贤：《中国民法经济法论争的展开及其意义》，北海道法学 39（4.195）第 1019 － 1020 页。

[21] 铃木贤：《中国民法经济法论争的展开及其意义》，北海道法学 39（4.195）第 1020 页。铃木贤所依据的是陶和谦《我国社会主义经济法基础理论的现状与前景》一文的统计，政法论坛 1986 第 1 期。

[22] 铃木贤：《中国民法经济法论争的展开及

其意义》，北海道法学 39（4.195）第 1020 页。

[23] 顾明时任国务院副秘书长。

[24] 顾明：《进一步加强经济立法工作》，人民日报 1981 年 12 月 4 日。

[25] 铃木贤：《中国民法经济法论争的展开及其意义》，北海道法学 39（4.195）第 1020 页。

[26] 国务院经济法规研究中心于 1981 年 7 月成立，由国务院副秘书长顾明兼任总干事。

[27] 铃木贤：《中国民法经济法论争的展开及其意义》，北海道法学 39（4.195）第 1020 – 1021 页。

[28] 孙亚明主张经济法调整纵向经济关系，横向经济关系应由民法调整。

[29] 此文在会后稍作修改，以《论对整个国民经济的法律调整》为题，刊登在《法学季刊》1984 第 3 期。

[30] 中国社会科学院法学研究所民法经济法研究室著《经济建设中的法律问题》，中国社会科学出版社 1982 年 10 月第 1 版。全书分为 12 章：经济建设的法律调整（第 1 章）；经济组织的法律地位（第 2 章）；财产所有权制度（第 3 章）；合同法律制度（第 4 章）；国民经济计划工作的法律问题（第 5 章）；劳动关系的法律调整（第 6 章）；物资供应的法律制度（第 7 章）；基本建设的法律制度（第 8 章）；投资的法律问题（第 9 章）；发展科学技术的法律问题（第 10 章）；环境保护的法律问题（第 11 章）；经济司法和经济仲裁（第 12 章）。

[31] 王保树、崔勤之编辑：《经济法理论学术论文集》，群众出版社 1985 年版。

[32] 属于大经济法观点的论文作者：王镕、李昌麒、顾伟如、马绍春、徐学鹿、余鑫如、王罔求、张士元、端木文、王俊岩、陶和谦、张宿海、戴凤岐、高宝华、史探径、徐杰、黄欣。据铃木贤：《中国民法经济法论争的展开及其意义》，北海道法学 39（4.195）第 1023 – 1024 页。

[33] 属于大民法观点的论文作者：谢怀栻、王保树、史越、王利明、李静堂、金立琪、邓大榜、余能斌、梁慧星、陈汉章。据铃木贤：《中国民法经济法论争的展开及其意义》，北海道法学 39（4.195）第 1024 – 1025 页。

[34] 支持大经济法观点的发言者：关怀、王鼎勋、朱遂斌、萧乾刚、彭年、施竟成、周力、江平、覃天云、康宝田、杨紫烜、李勇极、梁茂帮、孙光辉、陈信和。据铃木贤：《中国民法经济法论争的展开及其意义》，北海道法学 39（4.195）第 1024 页注释。

[35] 支持大民法观点的发言者：杨振山、姜厚仁、佟柔、王金浓。据铃木贤：《中国民法经济法论争的展开及其意义》，北海道法学 39（4.195）第 1025 页。

[36] 铃木贤：《中国民法经济法论争的展开及其意义》，北海道法学 39（4.195）第 1021 页。

[37] 中国经济法诸论编写组编著：《中国经济法诸论》，法律出版社 1987 年 2 月第 1 版。

[38] 邱本在评论这几种经济法学说时指出：“历史地看，这些学说代表了当时历史条件下人们对经济法的最为典型和最高水平的认识，各有一定的合理性，其合理内核为后来的经济法学所继承和发扬，它们起着承前启后的作用，在相当长的时期内，人们对经济法的认识依然难以绕过它们，而只能是对它们的不同选择，并在它们的基础上加以必要的改进和完善”。“但由于中国经济法学毕竟刚刚起步，使得上述诸说都或多或少地打上了那个时代的深刻烙印，并不知不觉地沾染上了计划体制的某种缺陷，在今天看来，它们都有这样或那样的不足。”李林主编《中国法学三十年》，中国社会科学出版社 2008 年 10 月第 1 版，第 254 页。

[39] 1981 年 7 月，国务院设立国务院经济法规研究中心，负责指导国务院各部门和地方政府经济法规立法研究工作，由国务院副秘书长顾

明同志兼任研究中心总干事。1986 年 4 月，国务院决定将原国务院办公厅法制局和国务院经济法规研究中心合并，成立国务院法制局，作为国务院直属机构。

[40] 铃木贤：《中国民法经济法论争的展开及其意义》，北海道法学 39（4.195）第 1022 页。

[41] 十一届三中全会重新确立了发展社会主义民主、健全社会主义法制的方针，为适应加强社会主义民主法制建设的需要，发展法学理论研究，1979 年末邓小平、彭真等领导同志提议恢复文革前的中国政法学会（更名为中国法律学会）。1980 年 6 月 28 日，由杨秀峰同志和若干原中国政法学会领导成员组成中国法律学会筹备小组，1981 年 1 月成立中国法律学会筹备委员会，1981 年 2 月更名为中国法学会筹备委员会，1982 年 7 月 22 日至 27 日，在北京召开中国法学会第一次会员代表大会。彭真同志出席大会开幕式并作了题为《发展社会主义民主，健全社会主义法制》的重要讲话。7 月 23 日，出席大会的全体代表受到党和国家领导人邓小平、彭真、韦国清、万里、习仲勋、杨尚昆等的亲切接见并合影留念。大会通过了中国法学会章程，选举产生了中国法学会第一届领导机构。杨秀峰同志为名誉会长，武新宇同志担任会长（1983 年 11 月起为张友渔，1985 年 8 月起为王仲方），王一夫、梁文英、王汉斌、朱剑明、项淳一、甘重斗、钱端升、宦乡、陈守一、王叔文、曹海波、李广祥、盛愉同志担任副会长，陈为典同志担任秘书长。

[42] 苏阳：《中国法学会民法学经济法学研究会成立》，法学研究杂志 1985 第 3 期，第 81 页。

[43] 杨秀峰（1897 – 1983），1952 年担任高教部部长、教育部部长，1965 年担任最高人民法院院长，1979 年担任五届全国人大常委、法制委员会副主任委员。

[44] 陶希晋（1908 – 1992），建国后，历任政务院副秘书长、政务院政法委员会秘书长、中央人民政府法制工作委员会副主任委员，1979 年担任五届全国人大常委会法制委员会副主任委员。陶希晋同志在担任民法起草小组副组长后，为中国民法典起草和中国民法学多有贡献；在民法通则颁布后，主编出版多卷本的《中国民法学》，并委托王家福担任其中《中国民法学：民法债券》卷的分主编。

[45]《1986 年民法通则诞生 中国进入权利时代》，检察日报 2009 年 8 月 31 日。另据参加第三次民法起草的余能斌回忆，“在 1979 年 11 月就成立了民法起草小组”。见王卫国主编《中国民法典论坛（2002 – 2005）》，中国政法大学出版社

[46] 共 6 编 41 章 501 条。

[47] 共 6 编 42 章 426 条。

[48] 彭真：《在民法座谈会上讲话要点（1981 年 5 月 27 日）》，载人民日报 1986 年 5 月 15 日第 4 版。

[49] 彭真：《在民法座谈会上讲话要点（1981 年 5 月 27 日）》，载人民日报 1986 年 5 月 15 日第 4 版。

[50] 彭真：《在民法座谈会上讲话要点（1981 年 5 月 27 日）》，载人民日报 1986 年 5 月 15 日第 4 版。

[51] 梁慧星、王金浓：《关于重庆市推行合同制的调查报告》，载法学研究杂志 1980 第 2 期；魏振瀛、余能斌：《关于实行和推广合同制的问题》，法学研究杂志 1980 第 3 期。

[52] 1979 年 4 月 12 日国家基本建设委员会发布《建筑安装合同试行条例》、《勘察设计合同试行条例》，1980 年 5 月 15 日国家工商行政管理总局发布《关于工商、农商企业经济合同基本条款的试行规定》《关于工商行政管理部门合同仲裁程序的试行办法》。

[53] 彭真同志自 1951 年起连续 16 年担任北京市长。1956 年担任中共中央书记处书记，1958 年起兼任中央政法小组组长。文革中受到错误批判和迫害，被撤销一切职务，并曾被监禁。1979 年 2 月平反，6 月增补为五届全国人大常

委会副委员长兼法制委员会主任委员。1980年担任中共中央政治局常委、政法委员会书记、宪法修改委员会副主任委员。1983年担任六届全国人大常委会委员长。

[54] 王家福等著：《合同法》，中国社会科学出版社1986年6月第1版，第149页。

[55] 王家福等著：《合同法》，中国社会科学出版社1986年6月第1版，第149－150页。

[56] 共8编45章510条。

[57] 共8编43章465条。余能斌回忆："经过一年多的起草，第一稿出来，征求意见，经过修改成了第二稿，开了一个修改的讨论会。这个讨论会开的时间很长，而且讨论很认真。一字一句地进行讨论。在这个讨论会上，争论最激烈的是法律行为要不要。在这个讨论会上，有一个很有名的专家说不应该要，说看不懂。另一派坚决说要。我记得当时最高法院经济庭的庭长跟我们说，这个东西一定要。后来改进了三稿四稿以后，就没有法律行为了。实际上三稿或四稿比较说来没有二稿全面，有进步也有很大的伤痕。但是三稿和四稿因为剩下的人不多了，特别是高校的老师回学校任教去了，剩下几个人，实际上三稿和四稿是后来我们几个人根据意见修改的。" 见王卫国主编《中国民法论坛（2002－2005）》，中国政法大学出版社2006年9月第1版，第113页。

[58] 彭真："1979年全国人大常委会法制委员会成立了民法起草小组。民法典的确不好搞，我国民法要从我国实际出发，解决中国的实际问题。有些问题实践还没提出来，或者提出来了，还看不清楚，如何解决经验还不成熟，不可能一下子搞完备的民法"。《在全国民法通则（草案）座谈会上的讲话要点（1985年12月4日）》，人民日报1986年5月15日第4版。

[59]《1986年民法通则诞生 中国进入权利时代》，检察日报2009年08月31日。

[60] 谢怀栻：《谢怀栻法学文选》，中国法制出版社2002年版，第382页。

[61] 余能斌回忆："从思想上讲，刚开始改革开放，改革开放的前景怎么样，谁都说不准。而且，大家都有一个共同认识，怕走私有化的道路，在这个问题上特别谨慎，另外怕被西化，严加防范，怕随着对外开放被和平演变，所以对西方的东西的选择是有条件的。" 见王卫国主编《中国民法论坛（2002－2005）》，中国政法大学出版社2006年9月第1版，第114页。

[62] 谢怀栻：《谢怀栻法学文选》，中国法制出版社2002年版，第79页。

[63]《法制委员会讨论关于法人的暂行条例（草案）的意见》，法制委员会办公室编印：《法制委员会简报（第五期）》，1982年2月2日，第1页。

[64]《法制委员会讨论关于法人的暂行条例（草案）的意见》，法制委员会办公室编印：《法制委员会简报（第五期）》，1982年2月2日，第1－2页。王家福先生、谢怀栻先生和笔者参加了座谈会并发表意见，赞成在民法典颁布前先制定关于法人的暂行条例。

[65] 指"周仁山、项淳一副主任，谭惕吾、韩幽桐、林亨元、王之相、顾昂然等委员"。《法制委员会讨论关于法人的暂行条例（草案）的意见》，法制委员会办公室编印：《法制委员会简报（第五期）》，1982年2月2日，第2页。

[66]《法制委员会讨论关于法人的暂行条例（草案）的意见》，法制委员会办公室编印：《法制委员会简报（第五期）》，1982年2月2日，第3－4页。

[67] 张友渔：《为什么制定这部民法通则》，中国法学1986第4期，第3页。

[68] 张友渔（1898－1992），建国后担任北京市常务副市长，中共北京市委常委、副书记、书记处书记；中国科学院哲学社会科学部副主任、党组成员、法学研究所所长。文革结束后，担任中国社会科学院副院长、党组成员，国务

院学位委员会委员，中国法学会会长、名誉会长；1979 年担任五届全国人大常委会法制委员会副主任委员，1980 年担任宪法修改委员会副秘书长，1983 年担任六届全国人大常委、法律委员会副主任委员。

[69] 张友渔：《为什么制定这部民法通则》，中国法学 1986 第 4 期，第 3 页。

[70] 民法经济法研究室：《建议从速制定并颁行民法典》（1984.12.19），供打印底稿。

[71]《1986 年民法通则诞生 中国进入权利时代》，检察日报 2009 年 08 月 31 日。

[72] 最高人民法院民法通则培训班：《民法通则讲座》，1986 年 9 月印刷，第 11 页。

[73] 魏振瀛:《参加民法通则起草的片断回顾》，民事法律网 2006-4-29。

[74] 顾昂然："民法通则把基本的民事权利作出规定，一方面有利于把分散在各个单行法中的内容集中起来，看得清楚了；另一方面，可以对单行法中没有规定的内容，作出规定。就这样与传统的民法总则的内容不完全一样，传统的民法总则不包括这些内容，所以称民法总则有点问题。我们原来想叫民法总纲，向委员长汇报后，委员长说可否叫民法通则。经过研究，认为委员长提的民法通则比民法总纲要好，更符合实际。"引自最高人民法院民法通则培训班《民法通则讲座》，1986 年 9 月印刷，第 13 页。

[75] 彭真："民法通则是一个重要的基本法律"。见《在全国民法通则（草案）座谈会上的讲话要点》（1985 年 12 月 4 日），人民日报 1986 年 5 月 15 日第 4 版。

[76] "彭真同志十分重视民法学者和民法学，为了保证起草工作的科学性，他建议专门成立了一个专家咨询小组，小组由佟柔、江平、魏振瀛、王家福四位民法学者组成。"引自《1986 年民法通则诞生 中国进入权利时代》，检察日报 2009 年 08 月 31 日。

[77] 引自《1986 年民法通则诞生 中国进入权利时代》，检察日报 2009 年 08 月 31 日。

[78] 六届全国人大设立全国人大法律委员会，作为全国人大专业委员会之一，负责将提交全国人大常委会审议、提交全国人大大会审议的法律草案和条约批准案之审议，另在全国人大常委会下设法制工作委员会，作为常委会的办事机构，负责各种法律草案的起草、修改工作。此与五届全国人大，仅有全国人大常委会法制委员会不同。

[79] 最高人民法院民法通则培训班《民法通则讲座》，1986 年 9 月印刷，第 15 页。

[80] 据当时担任法制工作委员会副主任的顾昂然介绍，座谈会后，根据实际部门和专家们的意见，对民法通则草案作了比较大的修改，增加了 40 条，删去了 13 条。见最高人民法院民法通则培训班《民法通则讲座》，1986 年 9 月印刷，第 16 页。

[81]《经济法规研究中心许骅同志关于民法通则（草案）的一些意见》，载《法制工作简报》第 95 期，法律委员会、法制工作委员会办公室编印，1985 年 12 月 14 日，第 1 – 7 页。

[82]《全国第二次经济法理论工作会议上对民法通则（草案）的一些意见》，载《法制工作简报》第 4 期，法律委员会、法制工作委员会办公室编印，1986 年 1 月 6 日，第 2 – 5 页。

[83] 顾明（1919 – 2008）江苏昆山人。1952 年任周恩来总理经济秘书，1954 年任国务院总理办公室财经组组长。1979 年任国务院副秘书长，1981 年兼任国务院经济法规研究中心总干事，1984 年任中国经济法研究会会长。1988 年担任七届全国人大常委会委员，法律委员会副主任委员。

[84]《全国第二次经济法理论工作会议上对民法通则（草案）的一些意见》，载《法制工作简报》第 4 期，法律委员会、法制工作委员会办公室编印，1986 年 1 月 6 日，第 6 页。

[85]《法制工作简报》第11期，法律委员会、法制工作委员会办公室编印，1986年1月22日，第1－5页。

[86]这里引用的是应邀出席座谈会的经济法专家盛杰民（北京大学法律系经济法室讲师）、潘静成（人民大学法律系经济法室主任）、徐杰（政法大学经济法系主任）的发言。见《部分经济法专家对民法通则（草案）的意见》，法工民字（86）8号，法制工作委员会民法国家法室，1986年2月3日，第2－3页。

[87]《法制工作简报》第23期，封底注明“发：中央政治局委员、书记处书记，人大常委副委员长、秘书长、委员，国务院副总理、国务委员；中央各部、委，人大各专门委员会，人大常委办公厅，高法，高检，国务院各部、委；全国总工会，团中央，全国妇联，中国科协，中国法学会，贸促会，有关各新闻单位；各省自治区、直辖市党委、人大常委会、人民政府，各省、自治区人民政府所在地的市、较大的市、沿海开放城市党委、人大常委会、人民政府；人大法律委员会副主任委员、委员、顾问，人大常委会法制工作委员会主任、副主任、秘书长、副秘书长、各室。”

[88]《法制工作简报》第23期，法律委员会、法制工作委员会办公室编印，1986年2月27日，第1－11页。

[89]信末署名及日期：“中国政法大学经济法系主任徐杰、黄勤南；西南政法学院经济法系主任李昌麒；华东政法学院经济法系副教授庄咏文；杭州大学法律系副主任马绍春；北京商学院管理系副主任徐学鹿；江苏工学院经济法教研室主任侯志纬；北京大学法律系经济法教研室主任杨紫烜；中国人民大学法律系经济法教研室主任潘静成、副主任刘文华；中南财经大学经济法专业肖克瑾；中央党校法学教研室周升涛；北京大学、中国人民大学经济法教师谭志泉、许孟洲、吴宏伟、王守渝；北京机械工业管理学院经济法教研室副主任孙维智，一九八六年二月二十七日”。见1986年2月27日11院校的17位经济法教师致“中央书记处并中央领导同志”的信（复印件），收文号：“第264号86年3月4日”。

[90]《经济法规研究中心反映关于民法通则（草案）的修改意见》，《法制工作简报》第44期，法律委员会、法制工作委员会办公室编印，1986年3月27日，第1页。

[91]《经济法规研究中心反映关于民法通则（草案）的修改意见》，载《法制工作简报》第44期，法律委员会、法制工作委员会办公室编印，1986年3月27日，第2页。

[92]《经济法规研究中心反映关于民法通则（草案）的修改意见》，载《法制工作简报》第44期，法律委员会、法制工作委员会办公室编印，1986年3月27日，第2页。

[93]《经济法规研究中心反映关于民法通则（草案）的修改意见》，载《法制工作简报》第44期，1986年3月27日，第3－4页。

[94]不同意民法通则第二条规定的专家是潘静成、刘文华、孙维智、徐学鹿；赞同民法通则第二条规定的专家是孙亚明、邱宏铮。见《部分经济法专家对民法通则草案的意见》，法工民字（86）20号，法制工作委员会民法国家法室，1986年3月31日，第1－2页。

[95]张友渔：《为什么制定这部民法通则》，中国法学1986第4期，第3页。

[96]谢怀栻：《民法通则讲要》，北京大学出版社2007年1月第1版，第45页。

[97]《1986年民法通则诞生 中国进入权利时代》，检察日报2009年8月31日。

[98]《1986年民法通则诞生 中国进入权利时代》，检察日报2009年8月31日。

国家的事，我尽了我的职责 [1]

梁慧星

1

改革开放以前，没有真正的民法。我 1962 年考上西政，所学习的专业课程只有宪法学和婚姻法学有正式教材。作为专业基础课的民法学，已经改名为"民事政策学"，刑法学改名为"刑事政策学"。薄薄的两小本，是当时民事政策、刑事政策的资料汇编，既没有法律，也没有理论。

毕业后，分配到昆明的一个小国企。直到 1978 年，全国开始招收研究生。法学专业，仅北京大学和中国社科院两个单位招生，我填报了中国社科院法学所民法学专业。当时民法就招了两个研究生，另外一位同学后来做了律师。1985 年开始起草《民法通则》。佟柔、江平、王家福和魏振瀛四位教授作为立法机关的咨询专家，他们后来被称为"民法四先生"。这四位老师把草案拿回本单位讨论，我在这样的场合发表自己的意见。当时魏振瀛先生提出，要把"法无禁止即自由"写进《民法通则》里，这句话让江平老师都很震惊。那个时候，连物权都不能提，很多法还没制定。在法律起草过程中，不断面临"资产阶级法律"的攻击。改革开放需要这样一部法律，《民法通则》在 1986 年获得通过。1987 年修改《经济合同法》，我参加了修改小组。在这个过程当中我还参与了几个重要的立法，消费者权益保护法、反不正当竞争法、产品质量法。最重要的就是统一合同法的制定。我 1978 年成为王家福先生的研究生，是最早研究合同法的，硕士论文就是合同制度研究。我的同学给我取个绰号，就叫"梁合同"。

改革开放以后，法律的研究首先是研究合同法。我先后参与撰写了《合同法》《民法债权》等著述，这为后来合同法的起草准备了理论基础。

[1] 转载自"中国法学网"。来源："瞰法"微信公众号，2020 年 1 月 24 日。

2

1993年，邓小平同志南方讲话，宪法把国家实行公有制计划经济改为实行社会主义市场经济，在这个背景下，立法机关马上启动了合同法的制定。统一合同法的制定，在我国的立法当中有很多经验。它是先由立法机关在北京召开了一个小型专家会，讨论制定合同法的方法。当时推荐了8位学者、专家来设计立法方案。8个人开了三天的会，讨论民法发展的趋势，国际上合同法理论的发展，也讨论中国改革开放以来现实当中的一些问题。讨论形成一致意见，我执笔完成立法方案。立法方案拿出来以后，1994年1月就召开了大规模的讨论会，有11个单位、10个大学、1个社科院，先是讨论通过立法方案，然后分头承包起草，1994年的下半年完成。这些草案汇集到法工委，法工委委托我来统稿。我邀请本所的张广新教授、博士生傅静坤，在法学所花了半个月的时间统稿。合同法当时采取这种立法方式，水平是很高的。正式进入讨论后，《国际商事合同通则》公布了，有了中文本。在讨论修改的过程中，又大量地采纳了上述合同通则的内容，所以合同法的商法色彩特别浓厚。立法方案指导思想第一条就讲道，要广泛参考借鉴发达国家和地区的成功立法经验和判例学说，并且要与国际公约和惯例协调一致，还有要充分地结合中国的国情，解决中国现实当中的法律问题。 合同法的制定，把原来的工商局管合同全部废止了。改革开放初期，工商局推行合同制度，工商局可以见证合同，可以认定合同无效，等等，后来把它全部取消了。工商局猛烈地反对，称合同法是资产阶级自由化。为什么合同法第五条没有用“合同自由”，而是说“合同自愿”，就是因为被批得太猛烈了。但我们肯定不能再继续对合同搞行政的那一套，这个改革是阻挡不了的。还有另外一个争论，就是国家科委在1987年主持制定了《技术合同法》，为了推行技术的生产力，从中央到地方建立了一支技术合同的管理队伍，有点像工商机关管理队伍一样，他们强烈要求合同法中的技术合同是特殊的，不能够合并。 三法合一还是两法合一？李鹏委员长主持专家讨论会进行讨论。大家比较坚定，市场经济要求交易规则的统一、完善和现代化，保留了特殊合同，交易规则就不统一了。最后李鹏委员长主持确定了“三法合一”的原则。合同法的争论很多。但整个民法学界都没有预见到，后来制定物权法，会受到更严峻的 " 意识形态 " 的挑战。

3

1998 年 10 月，民法起草工作小组第一次会议，我来报告物权法的立法方案。我报告了以后，王利明教授说，我不赞成梁慧星教授的意见。争论在什么地方呢？叫国家财产特殊保护。我的想法是平等保护原则，一体保护。物权法草案在设置规则的时候，不区分所有制作为标准。在这个草案上，没有集体所有权、个人所有权、国家所有权。王利明教授提出要严格按照所有制来划分，并且提出了一个关键原则，叫国家财产特殊保护。学术届争论愈演愈烈，概括为三分法还是一元论？这个争论也是非常厉害，直到 2004 年、2005 年，学界慢慢统一。三分法，但是不再特殊保护。因此虽然不是一元论，原则基本上是一样了。2005 年，常委会议审议后，社会公开征求意见，最后没有料到，社会上马上出现了剧烈争论。北京大学法理学教授巩献田上书中共中央、全国人大，并将一封名为《一部违背宪法和背离社会主义基本原则的〈物权法〉草案》的信在网上公布。他给物权法加上了四项罪名。一是物权法违宪，认为物权法规定平等保护原则，违背现行宪法，背离了马克思主义；二是物权法奴隶般地抄袭资本主义的法律；三是物权法与国民党的六法全书没有本质的区别；四是物权法有利于富人，不利于穷人。巩献田教授组织人搞了一个上书签名。为什么巩献田他们要反对物权法？这有一个国际背景。当时拉丁美洲好多国家兴起国有化，强调国有化社会主义，他们打出了一个旗号：反对新自由主义。巩献田的背后是好多经济学家，也有法学家，他们认为要按照拉美的经验，我们的改革方向要往后退，中央在改革开放问题上，至少要停顿。当时中国在改革开放和社会主义市场经济取得伟大成就的同时，发生了两个严重的社会问题，一个是国有资产的严重流失，另一个是两极分化的扩大。正是这两大社会问题，使一些人对改革开放的方向产生怀疑、动摇，抓住物权法草案公布征求意见这个机会，指责物权法草案所谓违宪、所谓背离社会主义、所谓搞私有化，其实质是，挑战改革开放的既定方向，反对社会主义市场经济体制，反对继续改革开放。这个时候中共中央政治局常委会专门开了一个会，由胡锦涛总书记主持，人大委员长吴邦国专题汇报物权法。最后常委会一致意见：改革开放不能倒退，要确保物权法通过。中央做了很多工作，法工委的同志分赴各省，给人大代表人手发一份草案，给予讲解。委员长把常委中的党员召集起来，开特别会议，贯彻中央的意图。

民法学界也召开了一些会议，驳斥巩献田等人对物权法的指责。但我们民法学者大都不善于论战，太过于书生气了。学术讨论要讲道理，而论战是不讲道理的。因为各有各的道理，所谓"公说公有理、婆说婆有理"，而事实只有一个，事实是明摆着的。论战的规律是，你砍我一刀，我一定要还你一刀，一定要针锋相对！当时我就在网上发了一篇文章——《谁在曲解宪法、反对宪法？》，副标题是“正确理解宪法第 11 条、揭穿个别法理学教授的谎言！”并在文章前面写上“著作权声明：欢迎一切媒体免费转载！”在这场争论中，中国民法学界经受住了考验，经受住了前所未有的严峻的来自意识形态的考验。没有动摇，没有分裂。物权法通过后，《南方周末》发了一篇文章，《中国物权立法历程：从未如此曲折，从未如此坚定》。所谓"从未如此曲折"，当然是指立法进程；所谓"从未如此坚定"，当然是指中国民法学界。

4

民法学者的使命，到底是什么？可以用这么一句话来说：就是制定一部先进的、科学的、完善的民法典。只有一部先进的、科学的、完善的中国民法典才能够向世界表明中华民族已达到她的高峰。这是我的老师谢怀栻先生去世之前所讲。1990 年是民法通则颁布实施 5 周年，当时某刊物发表了一期文章，批判民法通则资产阶级自由化。 在这之后的一个讨论会上，我讲到了中国制定民法典这个目标不能放弃。我申请了一个民法典立法研究课题组，从国家社科基金得了 6 万块钱的资助，完成了一个草案，1900 多条，9 卷，约 400 万字。这个草案做了 20 年，2013 年完成。2010 年，我的眼睛黄斑穿孔，视网膜脱落，做了手术以后看书就很困难了。但是这个时候我还统稿。草案后来出版了，也翻译到了国外。1998 年，时任人大常委会副委员长的王汉斌同志，找了我们几位民法学者开会说：“这届期满我就要退休了，退休前我最放心不下的就是民法典的起草工作。”他在内部成立了一个专家小组，指定了 9 个人负责民法典的起草工作，就叫“民事立法研究小组”。20 年过去了，这个小组的 9 个人，王家福不在了，王保树不在了，魏振瀛不在了，魏耀荣不在了，一多半都不在了。国家的事，我尽了我的职责。我最担心的是将来子孙后代说，别人不懂，你懂，别人不知道，你知道，你不敢说。留给后人说短长。

答客问

君问何处在，岭南山海间。蓝天映湖水，
红墙衬青山。心净红尘远，无欲天地宽！

（二〇二一年十一月二十一日）

校园

初夏校园中，浓绿间花红。处处闻啼鸟，
晚霞映碧峰。此心无挂碍，信步衣带风！

（校园内有两座山峰西峰六祖藏身之处六祖庙在焉）

六祖庙

海雾笼岭树，青萝牵行衣。
拨云寻幽径，拂苔辨圣迹。
当年危崖上，石室蔽菩提。
委身渔樵间，隐忍待天时。
一俟风幡动，世传六祖禅！

（庙在北理工珠海学院校区西南赤华峰，为六祖躲避神秀追杀藏身之所，世代香火不绝。作于二〇二四年）

为台湾老师而作

（写于二〇一八年三月三十日晚荔园民商法律学院尹、王、李、宋等老师生日宴会）

惯看玉山月，来对南海潮。
岭南风光好，心安即故乡。
相聚在珠城，为国育新苗！

先生小酒人仙
衣滿酒痕身處
江湖遠赤子心
未泯床頭匣中
劍夜夜起龍吟

录自作小詩 二〇一七國慶
藝星

俞心民法五十載

第三卷 不一样的老头

“我爸这老头不太一样。”梁慧星老师的女儿笑谈道，“他特喜欢李白，如果没有从事法学，我爸应该会是个纯粹的文人。前几年，我爸眼睛做手术，半麻，他一边手术一边背古诗，下了手术台，《兰亭序》也背完了几遍。这两年，我妈朋友圈发得多，也把我爸写的打油诗发了不少，怪有趣的。”

特喜欢李白的梁老师，拉上自己的弟子，一起凑钱，2017 年在平羌峡口锦江山顶复建了太白亭。遥想当年，青年李白就是从这里辞亲远游，仗剑去国，留下一首《峨眉山月歌》：“峨眉山月半轮秋，影入平羌江水流。夜发清溪向三峡，思君不见下渝州。”

诗三首

李白辞亲将远游，
孤帆一片下渝州。
此地盘桓吟佳句，
峨眉山月半轮秋。

诗人远游终未回，
涪翁来建太白亭。
骚人词客勤登览，
如画江山添豪情。

旧亭遗址筑新亭，
凭君把酒吊诗魂。
俯瞰平羌江心月，
回首晴空两峨眉！

二〇一七年
四月十八日

太白亭記

岷江經青神縣漢陽壩至樂山城東一段爲平羌三峽。此地風光綺麗，人文豐厚，李白曾在此飲酒題詩，留下了許多傳奇故事。

中國社會科學院學部委員梁慧星教授乃漢陽壩人氏。他不僅是國内外著名法學專家，還是中國傳統文化學者。他從研究典籍中發現：宋代黄庭堅爲紀念李白，曾在峽中建有太白亭。梁教授多次深入實地，穿山林，尋荒徑，終于在錦崗山中找到了遺址。原亭已毁，唯見柱石殘存，半埋土中。撥藤而辨，崖壁題刻尚在；撫木而思，嘆先賢文脉待續。遂發願重建太白亭。

經多方努力，新亭完成，爲平羌三峽補上了點睛之筆。

登山入亭，松風暢懷。極目遠眺，峨眉山聳入雲霄。岷江如帶，蜿蜒而來。犁頭峽、背峨峽、平羌峽依稀可辨。峽内群山争峰，奇石競險。青翠擁丹崖，澄江映山月。雲氣渺渺白羽飛，峰嵐淡淡入水静。“十八羅漢拜觀音”、“中流磐石激白浪”、“大佛”未完頭已成，“鷄公山”在冠却失。朝輝漫過七拱山，光影變幻，影影綽綽農家屋；晚霞映紅荔枝灣，吊脚樓旁，三三兩兩歸漁舟。山間，茶馬古道馱鈴響；江畔，星火“板橋”炊烟香。“魚窩”“江團”味鮮美，包穀燒酒好醉人。

遥想李白當年，把酒清溪上，脱口吐華章。

—— 爽爽風彩，千年神往。

而今新亭已就，老酒更陳。

詩仙何日歸來，古今同唱《峨眉山月歌》。

美哉！平羌三峽。

妙哉！太白亭。

楊彦雄

丁酉年三月十八日

太白亭诗并序

岷江三峡出口西岸锦江山顶有太白亭。原亭为北宋黄庭坚所筑，已毁。今亭为重建。雄踞极顶，风景绝美。俯瞰平羌江水，日夜奔流不息，回望峨眉金顶，佛光普照人间。故吟诗记之。

巍巍锦江山，
峨峨太白亭。
当年扬帆去，
何日跨鲸回？

二〇一八年十月三十日

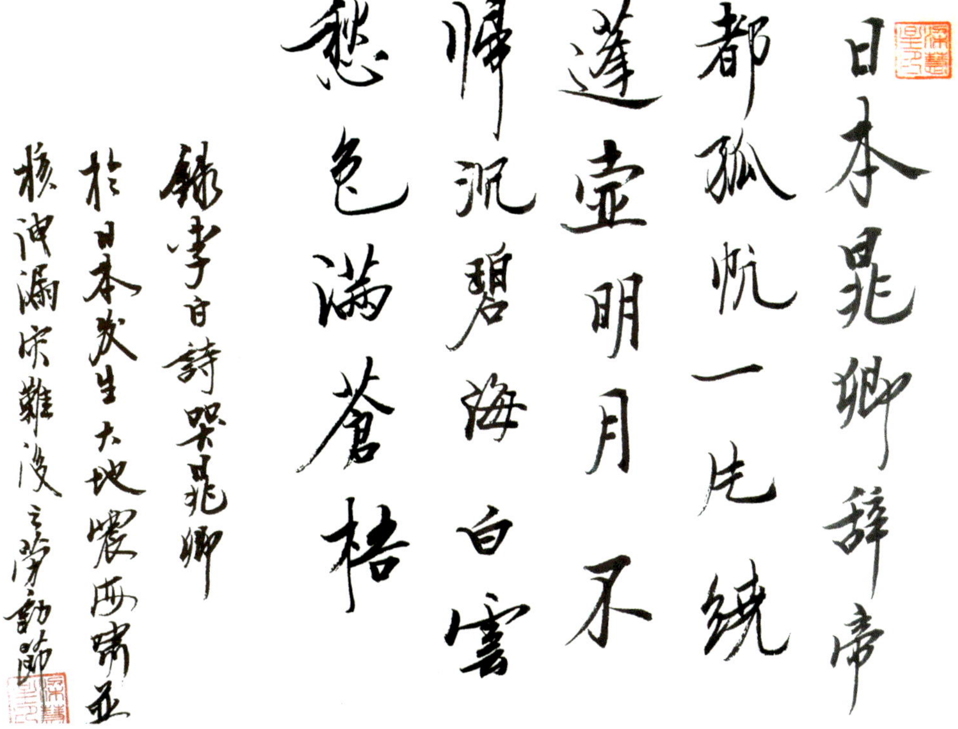

梁慧星老师手书：李白《哭晁卿衡》

2017 年 4 月 18 日，平羌峡口锦江山顶黄庭坚太白亭复建完成交接仪式。

看山·看河·看锦绣

梁慧星 诗选一

桃源行

丹桂飘香时，邀伴到湘西。绿水眼波横，青山眉峰聚。
上水盈盈处，桃源应在兹。不探秦人洞，来寻陶令溪。
铅华落尽后，垂柳仍依依。山崖与水岸，菊丛傲霜枝。
芬芳沁心脾，林深鹧鸪啼。红尘流连久，陶公笑我痴。
相携入酒家，晚风拂酒旗。新朋与旧雨，谈笑斗酒卮。
你诵桃源引，他吟南山诗。念差一个字，罚酒莫迟疑。
我醉众人乐，陶然已忘机！

二〇一七年十月二十三日

东坡赤壁

端午到黄州，不为赛龙舟。
东坡赤壁在，豪气贯长空。
莫叹游人稀，坡翁在心中。
君看长江水，依旧流向东！

二〇一七年五月三十日

重访兰亭

勾践滋兰处，书坛称祖庭。
一篇兰亭序，心折百代人。
重来超圣地，思古生幽情。
回看笼鹅处，黄叶落纷纷！

二〇一七年十一月十五日

东湖

东湖秋色美，
斜阳照碧水。
湖畔信步归，
惊起鸦乱飞！

二〇一八年
十月十一日

古镇枫泾

吴越分界处，古镇名枫泾。
当年旧战场，今日何处寻？
小巷深深处，观画访小丁！

二〇一八年十一月十七日

安顺观瀑

从闻黄果树，来观大瀑布。
迤逦关索岭，婉蜒坝陵河。
九天银河落，化作千寻瀑。
雾幕映红日，雷车走万壑。
如此美山河，何由苦幽独。
但求安而顺，何须侯万户？
乐山共乐水，谁言不知足？

二〇二一年七月九日

黄果树

九天泻银河，天梭织天幕。
玉女不散花，漫空珍珠雨。
大美黄果树，君其勿错过！

二〇二一年七月十一日

太原记游诗二首

【其一】蒙山大佛

五月槐花香，乘兴入晋阳。
晋祠寻旧迹，蒙岭礼大像。
鹫峰飘彩云，八水映佛光。
佛陀云端坐，大慈大悲相。
愿发无边力，清除诸魔瘴。
人民康且寿，伟业继盛唐！
我醉众人乐，陶然已忘机！

【其二】晋祠问

周柏何人种，唐槐几度花？
桐叶封幼弟，于今属谁家？

二〇二一年五月二十五日

永嘉行行

为访故人到永嘉，误入奇山异水间。
何故清溪清如许，汩汩流淌三千年。
绝代风流谢太守，诗人处处留诗篇！

二〇二〇年十一月十九日

汕尾吟

去年到汕头，今岁来汕尾。在（汕）尾不见（汕）头，在（汕）头不见（汕）尾。欣然

有所悟，于是作汕尾吟。
顾头不顾尾，顾尾忘了本，
头尾不相顾，终究要后悔！
顾头兼顾尾，顾尾勿忘本，
头尾兼相顾，人生应完美！

二〇二〇年十二月十七日

凤凰岭

风扫残云去，鹊传喜讯来。
登上凤凰岭，豁然心胸开。
三盏雅香茶，怡然更悠哉！

（潮州凤凰岭有五百年树龄宋茶树，其茶韵味幽长，名之曰：雅香。据介绍该地茶农均文天祥后人）

二〇一九年十一月二十四日

雅芝香

韩江之水深且清，雅芝香茶暖人心。
潮人千载祀韩愈，只缘一篇鳄鱼文！

注：潮州凤凰岭出产乌岽茶。据信茶农为文文山后裔。其中一款名鸭屎香者，其香味雅致幽长，颇为人喜爱。余恶其名，为之更命曰：雅芝香！

二〇二〇年一月十五日

瓦屋山

西蜀有名山，清幽远俗尘。
瑶池三千顷，严子一垂纶。
两行白鹭飞，几声赤猿吟。
傲岸千年树，纠缠万岁藤。
无心云出岫，有意月随人。
闻有天人住，云深不可寻！

二〇二一年十一月二日

瓦屋山之秋

山因浓雾失，云向肘边生，
落花人独立，微雨鹭双飞。
瑶台第几层？无雨亦沾衣！

二〇二〇年十月十二日

昆明观鸥

滇池之畔春意浓，观鸥大堤游人稠。
红嘴白羽相思鸟，碧水兰天美人蜂。
南腔北调四方客，似曾相识去年鸥！
儿童欢呼老人笑，人鸟嬉戏乐悠悠！

二〇一八年二月十八日

登鹳鹊楼

蒲坂古津渡，鹳鹊有名楼。
登高宜望远，功名似浮沤。
君看黄河水，不改向东流。

二〇二一年三月二十三日

白水寨

此身在何处？岭南白水寨。
飞流三千尺，涤净尘与埃。
身在红尘外，此心无挂碍。
盈盈山水间，能得大自在！

二〇一九年三月三十日

七里坪

四时花常开，客至鸟先迎。
山吐峨眉月，泉净烦恼身。
弄箫惊白鹭，垂竿跃紫鳞。
卧听松风起，坐看白云生。
三杯洪雅白，一壶竹叶青。
人在红尘外，陶然已忘机！

二〇一九年十月二十四日

重上七里坪

西上峨眉峰，重访七里坪。
云雾缥缈间，人在画中行。
风亭闻唳鹤，月峡听猿吟。
行到云深处，静坐待天人！

二〇二一年十月三日

南风歌

帝尧合九州，帝舜歌南风。
薰兮解民忧，时兮助年丰。
上下五千年，天地同悠悠！

二〇二一年三月二十五日

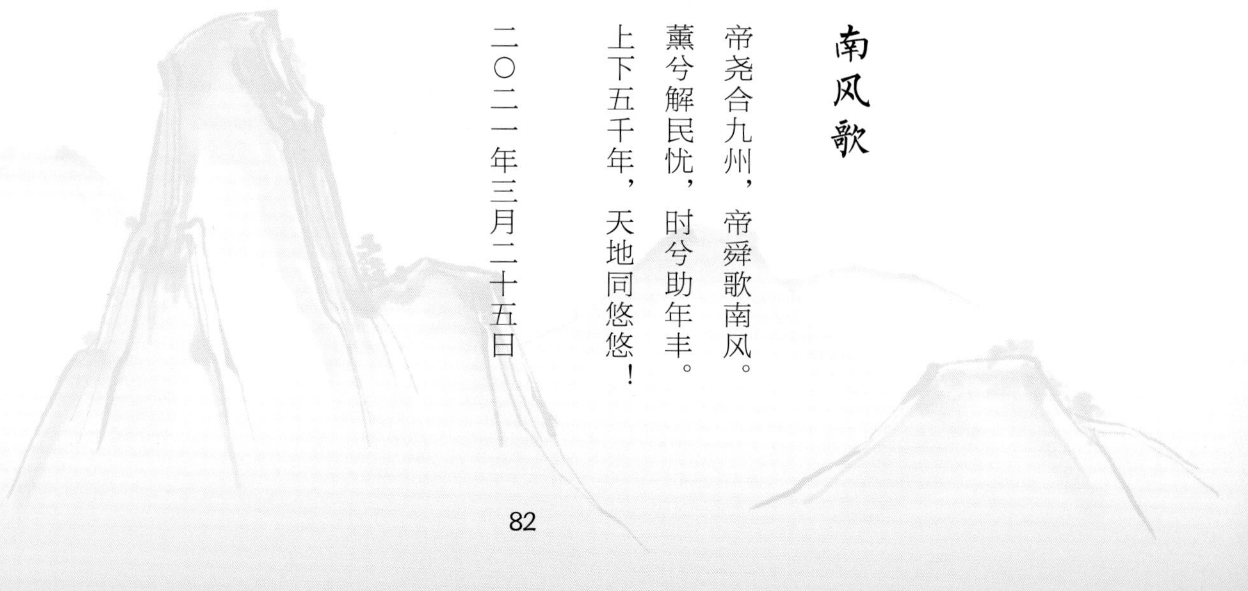

读冬·读夏·读春秋

梁慧星 诗选二

岁末打油

布衣下山布衣回，芹韮蔓菁列队迎。
最是常言道得好，无官无病一身轻。
诚实做人行正道，夜半不畏鬼敲门！

二〇二一年十二月三十一日

春

三月绿渐肥，
春花次第开。
无智亦无碍，
悠哉复悠哉！

二〇二〇年
三月十七日

元日感怀

才见花落去，又迎春归来。
红日出东海，疾风扫尘霾。
人道无声处，可以听惊雷。
且尽杯中酒，远望登高台！

二〇二一年二月十二日

春事

又见岁华新，
春花照眼明。
宅中渾无赖，
书山访古人！

二〇二〇年
三月十三日

留春

莫卖故侯瓜，
莫种褚氏橙，
闭门栽兰竹，
留得四时春！

二〇二〇年
五月九日

古风

三月物候新，岭南木棉开。
思绪万里外，心情酒一杯。
北国开两会，四海听惊雷。
中华颁重典，垂辉应千春。
是非与功罪，留予后人评！

二〇一七年三月十五日

端午感怀

山中多直树，世上少直人。
树直作梁栋，人直路难行。
利剑不在掌，空余报国心。
君看屈灵君，终投湘水滨。
至今方洲上，兰蕙不忍生。
今年当此日，几人泪沾襟！

二〇二〇年六月二十五日

吟史

楚王听张仪，屈子逐长沙。
帷幄排宗泽，秦桧害岳飞。
把酒吟汉青，一醉一沾衣！

二〇二〇年六月二十六日

夏至抒怀

退翁在江湖，小隐荒山庄。
开门无所见，唯闻叶草香！

二〇一九年六月二十一日

荒凉山庄

退翁结庐东山隅，崎岖小径点苍苔。
闭门推却青山去，开窗邀得明月来。
晓行每虑青衫湿，夜吟常觉月光寒。
偶然冷眼观棋局，只把闭书殷勤看。

二〇一七年九月二日

夏夜

燕草碧如絲，吴钩挂柳枝。
即即闻沙鸡，引人静夜思。
阿谁低声唱，长铗归来兮！

二〇一九年六月三日

中元歌行

今夕复何夕？华夏度中元。
户户燃蜡烛，家家烧纸钱。
慈亲在彼岸，福寿得两全。
护佑我全家，忠孝子孙贤。
孤魂与野鬼，速速还家园。
莫道家山远，赠尔足盘缠。
沿途莫滋扰，魔障尽消泯。
遥祝烽烟灭，亦盼金瓯圆。
吟罢无写处，周遭已悄然。
举头望长天，明月当空悬！

二〇二二年八月十二日

台儿庄记游

酒绿灯红伴歌吹，千年古城焕然新。
只今唯有西江月，曾照健儿杀仇人！

二〇二〇年九月十八日

感言

绿水青山着意娇，
伟业丰功颂圣尧。
祖国今日庆华诞，
心海涌潮逐浪高！

二〇一九年十月一日

中秋月

一年一度又中秋，
故园今夜月明中。
多情最是团圆月，
引得相思处处同！

二〇一九年九月十三日

重阳

人生长漂泊，总要返故乡。
故园今夜月，来照万里桥。
新朋与旧交，谈笑引壶觞。
莫叹容颜改，且说友情长。
临别道尊重，方悟是重阳！

二〇一八年十月十八日

晚秋

世事纷纭马牛风，佛说五蕴皆是空。
萧瑟秋风今又是，几处园林枫叶红。
醉后狼藉君莫笑，依旧山河月明中！

二〇一八年十月六日

秋兴（一）

风劲木叶脱，池清睡莲开。
闲坐听风阁，静待好音来！

二〇二二年十月十三日

秋兴（二）

人言秋兴悲，我说秋兴逸。
君看篱间菊，盈盈为谁秀！

二〇一九年九月三日

岁末感言

人生知何似？恰似一场戏。
演员卖力气，看客呼有趣。
不演亦不看，径自喫茶去！

无题

谁人唱大风？
谁不过江东？
莫道易水寒，
已然燕赵空！

二〇二〇年
六月十三日

无题

一支狼毫比，横扫十万师。
举头望浮云，冷眼看虫鸡。
依旧丹心在，只是鬓成丝。
斩将搴旗手，来种傲霜枝。
君看岭上松，何曾折腰肢！

二〇二一年二月二十六日

无题

慷慨稽叔夜，琴操广陵弦。
洒落阮嗣宗，买醉酒家眠。
我学陶靖节，来归小桃源！

二〇二一年六月六日

无题

矮篱时见松鼠跳，
高树常闻野鸟啼，
山居荒凉生态好，
品茗静坐总相宜！

二〇二〇年九月二十六日

无题

青青路边草，十月秋正好，
徐行香樟道，欲闻春雷早！

二〇二一年十月二十五日

无题

人生一场梦，总有梦回时，
小园且静坐，闲看日影移！

二〇二〇年七月二十八日

无题

白发老翰林，归来一草民，
虚怀容日月，真心学古人，
虽无严陵濑，随处可垂纶！

二〇二〇年五月三十一日

无题

不读治安疏，来寻种树书。
无事此静坐，且看云卷舒。

二〇一八年七月三十日

抒怀

谁教骑马客京华，惊风疾雨浪淘沙。
墨池磨穿宣州砚，笔锋扫尽乱啼鸦。
是非成败君莫问，佛说果报信未差。
归来卜居东山下，只向邻人学种瓜！

二〇一九年七月十三日

山居

无风杨梅落，微雨燕子飞。
山居有村醪，一倾开心扉。
有朋远方来，共挥三百杯！

二〇二二年六月四日

饮酒歌

男儿不饮酒，白来世上走。
男儿常饮酒，快意恩与仇。
日饮一杯酒，职场显身手。
日饮两杯酒，精神更抖擞。
曰饮三杯酒，胜过万户侯！

二〇一八年十二月四日

聚会

月迷情侣路，雾隐唐宴楼。
宁食腊肠斑，莫饮茅台酒。
歌吟干行云，谈笑动香洲！

二〇二一年十二月二十六日

记龙门夜宴

最是滇池风物好，
龙门应在云端上。
万顷碧波来眼底，
披襟岸帻喜茫茫。
华亭钟声传天外，
西山仙子试晚妆。
感激主人殷勤意，
旧雨新知聚一堂。
金樽清酒恣欢谑，
玉盘珍馐引壶觞。
酒酣闲话当年事，
却说人生太匆忙。
请君更进一杯酒。
莫笑他人两鬓霜。
一生是非谁管得？
留予后人说短长！

二〇一九年
十月二十九日

有朋自远方来

惯看燕山月，来对南海波。
地僻市声远，夜静好读书。
品茗助诗兴，饮酒宜长歌。
莫道知音少，此地故人多。
有朋远方来，不亦一乐乎！

二〇二〇年十一月二十九日

打油诗

（巧遇李庆）

好个李尚公，巧舌如剑锋，
一句神比喻，笑杀老退翁！

二〇二一年四月十一日

偶成

湖水眼波横，吴山眉峰聚。
最美是西湖，眉眼盈盈处。
不因房价高，谁愿他乡住？

二〇一八年十一月十日

古风

车行似风飈，鸣笛出渭桥。
齐鲁青未了，江淮麦正黄。
行云洊子意，旭日海雾消。
听君话时事，谈笑引壶觞！

二〇二二年六月四日

静夜思

（改放翁句）

身上征衣杂酒痕，文场百戦欲断魂。
此身合是诗人未？漏尽樽空月西沉。

二〇一七年十一月二十三日

感言

人生如旅行，随处有风景。
春花秋月美，微微晚风吹。
有缘应相会，难得是真情。
惊涛骇浪险，过后不心惊。
夜半幽梦回，枕上听涛声！

二〇一九年十一月二十二日

答友人

古来志士思报国，际遇因缘难凑巧。
西蜀犹存草玄台，长沙曾经赋鹏鸟。
遂良远谪交趾郡，东坡长流炎洲岛。
用舍行藏君须记，我学青莲江湖老！

注：炎洲，即海南。
见李白诗《野田黄雀行》：
游莫逐炎洲翠，
栖莫近吴宫燕。
吴宫火起焚巢窠，
炎洲逐翠遭网罗。
萧条两翅蓬蒿下，
纵有鹰鹯奈若何！

二〇二〇年十月二十五日

一花·一世界

梁慧星 诗选三

名花

志士无媚骨，名花有艳色。
对花须纵酒，千金莫须惜。
堪笑东坡老，独自赋寒食！

二〇二二年四月二十三日

梁老师在昆明家中，池塘边的樱花开了

樱

池边一株樱，
花开似彩云。
心净红尘远，
莫须羡渊明！

二〇二二年
三月十一日

问花

一枝睡莲花，
养在花瓶里，
两情何依依，
问花花不语！

二〇二〇年
九月二十九日

月季

（月季，俗名月月红）

人无年年好，花有月月红。
悟得此中味，行藏皆从容！

二〇二二年四月十六日

薰衣草

幽香不如兰，高雅稍逊菊。
此花有实用，可以薰嫁衣。

二〇一七年七月一日

抒怀

山村一夜雨，千树玉兰开。曳杖看浮云，驻定听春雷。
斩将搴旗手，文场百丈身。见血封喉箭，一射却妖氛。
先生归山林，诗酒慰平生。今日须纵酒，俗称犬上阶。
花下置千斛，且醉三百杯！

二〇二二年一月十六日

昆明花市

君不见今夏昆明雨，恰似天河决了堤。连雨三十日，花市游人稀。六十五朵红玫瑰，不够一碗米线钱，令人长叹息！

花市人如潮，欢声笑语飞！
相逢莫相问，定是买花回！

二〇二二年八月四日

昆明之冬

篱边玉兰开，
路旁雏菊红。
四海寒萧杀，
昆明春意浓！

二〇一八年
一月二十六日

梁老师一直写大字，默名篇，以怡情。

梁老师手书《滕王阁序》

滕王閣序

南昌故郡洪都新府星分翼軫地接衡廬襟三江而帶五湖控蠻荊而引甌越物華天寶龍光射斗牛之墟人傑地靈徐孺下陳蕃之榻雄州霧列俊彩星馳臺隍枕夷夏之交賓主盡東南之美都督閻公之雅望棨戟遙臨宇文新州之懿範襜帷暫駐騰蛟起鳳孟學士之詞宗紫電青霜王將軍之武庫家君作宰路出名區童子何知躬逢勝餞時維九月序屬三秋潦水盡而寒潭清煙光凝而暮山紫儼驂騑於上路訪風景於崇阿臨帝子之長洲得仙人之舊館層巒聳翠上出重霄飛閣流丹下臨無地鶴汀鳧渚窮島嶼之縈回桂殿蘭宮得岡巒之體勢披繡闥俯雕甍山原曠

其盈視川澤盱其駭
矚閭閻撲地鐘鳴鼎
食之家舸艦迷津青
雀黃龍之舳虹銷雨
霽彩徹雲衢落霞與
孤鶩齊飛秋水共長
天一色漁舟唱晚響
窮彭蠡之濱雁陣驚
寒聲斷衡陽之浦遙
吟俯暢逸興遄飛爽

籟發而清風生纖歌
凝而白雲遏睢園綠
竹氣凌彭澤之樽鄴
水朱華光照臨川之
筆四美具二難并窮
睇眄於中天極娛游
於暇日天高地迥覺
宇宙之無窮興盡悲
來識盈虛之有數望
長安於日下指吳會

間地勢極而南溟深
天柱高而北辰遠關
山難越誰悲失路之
人萍水相逢盡是他
鄉之客懷帝閽而不
見奉宣室以何年嗟
乎時運不濟命途多
舛馮唐易老李廣難
封屈賈誼於長沙非
無聖主竄梁鴻於海

途之哭勃三尺微命
一介書生無路請纓
等終軍之弱冠有懷
投筆慕宗慤之長風
舍簪笏於百齡奉晨
昏於萬里非謝家之
寶樹接孟氏之芳鄰
他日趨庭叨陪鯉對今
晨捧袂喜託龍門楊
意不逢撫凌雲而自惜
鍾期既遇奏流水而

曲豈乏明時所賴君
子安貧達人知命老
當益壯寧移白首之
心窮且益堅不墜青
雲之志酌貪泉而覺
爽處涸轍以猶歡北
海雖賒扶搖可接東
隅已逝桑榆非晚孟
嘗高潔空懷報國之
心阮籍猖狂豈效窮

何慚嗚乎勝地不常
盛筵難再蘭亭已矣
梓澤丘墟臨別贈言
幸承恩於偉餞登高
作賦是所望於群公
敢竭鄙誠恭疏短引一言
均賦四韻俱成
滕王高閣臨江渚佩玉
鳴鸞罷歌舞畫棟
朝飛南浦雲朱簾暮
卷西山雨閑雲潭影日
悠悠物換星移幾
度秋閣中帝子
今何在檻外長江
空自流

二〇一七年七月
彭星書於
昆明荒凉山莊

梁老师手书《岳阳楼记》

岳陽樓記

慶曆四年春滕子京
謫守巴陵郡越明年
政通人和百廢俱興
乃重修岳陽樓增其
舊制刻唐賢今人詩
賦於其上屬予作文
以記之予觀夫巴陵
勝狀在洞庭一湖銜
遠山吞長江浩浩湯
湯橫無際涯朝暉夕
陰氣象萬千此則岳
陽樓之大觀也前人
之述備矣然則北通
巫峽南接瀟湘遷客
騷人多會於此覽物
之情得無異乎若夫
淫雨霏霏連月不開
陰風怒號濁浪排空
日星隱耀山岳潛形
商旅不行檣傾楫摧
薄暮冥冥虎嘯猿啼
登斯樓也則有去國
懷鄉憂讒畏譏滿目
蕭然感極而悲者矣
至若春和景明波瀾
不驚上下天光一碧
萬頃沙鷗翔集錦鱗
游泳岸芷汀蘭郁郁
青青而或長煙一空
皓月千里浮光躍金
靜影沈璧漁歌互答

此樂何極登斯樓也
則有心曠神怡寵辱
皆忘把酒凌風其喜
洋洋者矣嗟夫予嘗
求古仁人之心或異
二者之為何哉不以
物喜不以己悲居廟
堂之高則憂其民處
江湖之遠則憂其君
是進亦憂退亦憂然
則何時而樂耶其必
曰先天下之憂而憂
後天下之樂而樂
乎噫微斯人吾誰
與歸

二〇一七、九、三
慈星書

愈民法五十載

第四卷

大板桥的『师傅』

从前，大板桥有一个昆明市农用轴承厂，梁慧星老师在厂里任厂工会宣传干事，同时作为车工在车间劳动。在车间，梁老师有一位师傅。

后来，大板桥的“师傅”和梁老师成了一对夫妻。

昆明农用轴承厂的老同事合影

第一排最右为梁慧星老师，最左为梁慧星老师夫人。

从左至右：饶志君（磨工）、毛璐璐（检验工）、钱美芳（铯工）、王德华（磨工）、钟荣昆（钳工）

方荣辉

（检验工，后曾任厂长）

2022年，朋友们在珠海庆祝梁慧星老师及夫人金婚。

牵手50周年纪念

大板桥牵手，皇城根逗留。
南海边观潮，滇池畔看鸥。
半世纪风雨，一辈子相守。
相携向前行，无惧亦无求！

二〇二一年一月十六日

七十年代，梁慧星老师及夫人、女儿合影

梁慧星老师及夫人、女儿、孙女尧尧

梁老师看着孙女尧尧电脑作画

LOVE

慧星教授回母校！
崇 尚本 励学

前几年，虽然做了手术，梁慧星老师还是基本不能视物了。但是，梁老师坚持学习，坚持工作。

古风

卜居东山下，遥望见滇池。
门前不植树，篱有傲霜枝。
曳杖看浮云，驻足听荒鸡。
解颐唯杜兄，读书赖老妻。
浮生恍如梦，得失寸心知！

二〇一九年一月三十日

师母一直在成就梁老师。而今，师母一个人包揽了家务，还会尽量多地给梁老师念书。

八十抒怀

纸当亩陇笔当锄，半床明月半床书。

滋兰树蕙三百亩，赤手空拳搏豺虎。

八十功名尘与土，先生本色一啬夫！

二〇二三年一月十六日

愈民法五十載

第五卷

梁老师的『客厅』

近年，梁慧星老师常常在北京家中客厅开讲，学生们在别样的教室里欢聚、听课。

做学问要独立思考和判断

梁慧星

法学是一门社会科学，“公说公有理，婆说婆有理”，采纳谁的就涉及到独立判断。但独立判断得有标准，这个标准当然包括法学原理、哲学原理以及社会学、经济学原理等，更重要的判断标准是社会生活经验。

我自认做学问是符合自己的心性的。大学毕业在工厂工作了十年。在这十年中，做工会宣传干事，给工厂广播站写广播稿，办墙报，带工人打球，组织宣传队演出，主要就是做这些工作。其中相当一部分工作是文字工作。我自己对自己也有一定的认识，知道同书本打交道符合自己的性情；和人打交道，特别是和领导打交道，不是我的长处。不过，和工厂的普通工人打交道，我还是很好的，普通工人对我都不错。

于是，我判断自己不适合官场。在工厂时，曾经有个支部书记比较赏识我，提议让我当工会副主席，一个小厂的工会副主席。这个建议，在厂领导班子会上没有通过。我已经知道，我的性格和志趣不适合官场。在我考研究生之前，曾经有个机会去省检察院工作，后来考上研究生，也就没有去了。如果去了的话，也可能只是在研究室工作，至多担任个研究室主任什么的。

到了社科院法学所以后，我就对自己有了清醒的认识。当时一些人下海，一些人当律师，而且做得很好。我也有过当法官的机会，或者当一个庭长什么的。但是，我认为自己还是比较适合做学问。当时自己的年龄也不允许再换来换去了。我考研究生的时候，就已经34岁了，同二十多岁的年轻人不一样，年轻人充满着幻想。我大学毕业后，在工厂工作了10年，已经对社会有一定的了解，对自己也有了一定的认识。我们平常总说认识世界、改造世界，很少听人说要认识自己，其实首先是要认识自己，而认识自己并不比认识世界容易。比方说，大诗人李白，长处是作诗，李白斗酒诗百篇，号称“诗仙”。但李白本人并不承认自己只是写诗的料，他始终认为自己有经天纬地之才，可以指挥千军万马，可以治国平天下。李白至死都认为自己是怀才不遇，这是不了解自己。可见，一个人要正确认识自己，是何等不容易！所以，我常对我的学生说，你们自己可以问问自己，是和书本打交道有兴趣还是和人打交道有兴趣，然后判断自己适合于从政或者适合于做学术，这叫“知己”。

我的导师是王家福先生，实际是王家福、谢怀栻和余鑫如三位先生授课、指导。法学所研究生的课比较少，谢怀栻先生讲的是外国民法，共 6 个半天；余鑫如先生讲中国民法，共 4 个半天；王家福先生讲苏维埃民法，共 2 个半天。

记得谢先生在研究生院开讲外国民法课时，本院两届民法、经济法研究生仅五人，但教室总是座无虚席，多数听众是北京各校的民法教师。先生对我的指导是，学习民法从总则和罗马法入手。当时我已精读陈谨昆的《民法通义总则》，先生建议我再精读梅仲协的《民法要义》。先生亲自领我到本所资料室书库查找，可惜没有找到梅先生的著作，于是建议我读李宜琛的《民法总则》、王伯琦的《民法总则》、黄右昌的《罗马法与现代》和陈允应时的《罗马法》。我按照先生的指导，精读这些教材，并做了大量的摘录卡片。我最初的民法知识基础，就是按照先生的指示，通过精读这些民法著作奠定的。进本所民法经济法研究室后，谢先生是我做人和做学问的标杆。有整整六年的时间，我与先生均住在本所后楼，先生住一层，我住三层，能够随时向先生请教。我的第一篇译作，内容是关于匈牙利民法典的修订，是请先生审校的。对于译文中的错误，先生逐一予以改正。我已自觉到先生不仅是审校我的译作，而是在向我传授“为师之道”，我将来如果当老师，就应当像先生对我那样去对待我自己的学生。

做学问，就要“独立思考，独立判断”。有一次，我在山东大学新入学研究生开学典礼上讲，什么是研究生？怎么研究？我就把它概括为“独立思考，独立判断”。也就是把各种资料，不同的观点收集起来，加以比较。你不能盲从别人。别人怎么说，书上的，权威学者的，自己老师的，都不能盲从。要独立思考。经过思考的东西才会有道理呀！法学是一门社会科学，“公说公有理，婆说婆有理”，采纳谁的就涉及到独立判断。但独立判断得有标准，这个标准当然包括法学原理、哲学原理以及社会学、经济学原理等，更重要的判断标准是常理、常识、常情，就是社会生活经验。是用社会生活经验作为判断标准。这样才能判断张三说的对，李四说的不对，为什么对，讲出一些理由。这就是判断。关键在于判断标准。

举一个大家都熟知的例子:“专业打假”,至今有赞成与反对两种截然相反的观点,各有其理由,你究竟赞同哪一种观点?按照社会生活经验,“假冒伪劣”商品的生产者(造假者)和销售者(售假者),一个是源,一个是流,哪一个应该着重打击?显然应当着重打击造假者。再说,在售假者中,小摊贩市场和大商场,哪一个的“假冒伪劣”商品多?通常是小摊贩市场的“假冒伪劣”商品多。显然应当着重打击小摊贩市场。但我们看到,“专业打假”人士并不打击“造假者”,专挑“售假者”打假,并且在“售假者”又专挑“大商场”打假。这是为什么?因为“造假者”没有钱(假货还没有售出),“售假者”有钱,其中“小摊贩”钱少而“大商场”钱多。说到底,还不是为了金钱。这样一来,我们就认破了“专业打假”的真正目的。于是,我们在两种截然相反的观点中也就不难取舍了。这就是用社会生活经验作为判断标准。

我一直坚持每年写两篇自己选题的论文。学问不是以数量来衡量的。实际上,直到 1988 年之前,我都没有得到评副研究员的机会。对此,我并没有向任何人抱怨过。因为法学研究所有很多老同志还没有解决职称,在当时的历史条件下任何人担任领导恐怕都会先考虑老同志的职称问题。1988 年社科院开始实行“破格”晋升,从助理研究员和副研究员(年限未满的)直接评研究员,特别重要的一点是,属于“破格”评研究员的,不占各研究所的职称名额。因此在法学所领导的鼓动下也就申报了。这是社科院第一次破格评研究员,记得光明日报还作了报道。在评职称的时候,要填报研究成果,有的人报一百多万字,把普及读物都算上。我估计社科院这样的学术机构,评委都是各学科的权威学者,他们绝不可能看重“字数”,报的“字数”太多有可能会适得其反。因此,我只报了《法学研究》上的几篇论文和在四川人民出版社出版的那本《民法》及与别人合著的《经济法的理论问题》,大概四五十万字。

在瑞士有一个专门研究中国的刊物,聘请了加拿大研究中国法的学者(中文名字叫彭德)编了一期特刊,大概叫《中国政府与中国法律》,上面翻译了我的两篇文章,一篇《论企业法人与企业法人所有权》,还有一篇《论计划原则与合同自由原则》,是 1982 年发表的。那篇文章是第一次在中国内地讲到合同自由。当时武汉大学法学院的黄进教授在欧洲留学,他看见这个杂志,就复印了寄回来给我,我就将它们作为我的代表作报上去了。我当时之所以评上研究员,得到了黄进教授的助益。

实际上，到了20世纪90年代中期，我已经基本停止了学术研究，主要精力转向了立法工作、指导研究生和编刊物，还有一项工作就是给法官讲课。我在20世纪80年代后期开始研究民法解释学，1995年出版《民法解释学》一书，然后就在各级、各地法院给法官讲授解释、适用法律的方法，还讲统一合同法，大约有十年的时间。西藏高级人民法院，我都去讲过课，是义务授课。讲课稿经过整理，在法律出版社出版，叫《裁判的方法》。

我研究民法解释学，起因于20世纪80年代访问日本所受到的刺激，当时日本学者多看不起中国，认为日本已经超越了民法解释学层次，而中国还不知民法解释学为何物。经过十多年的时间，已经有了成效，一些法官在讨论案件时已经开始运用这些方法和理论，从一些好的判例中已可以清晰地看到法官所采用的是什么样的方法。最近在山东大学召开的中日民商法研讨会上，复旦大学的段匡教授就中国的民法解释学和中国的判例研究作了报告，引起日本学者的关注。《民法解释学》和《裁判的方法》不是完美的著作，中国的法官现在所掌握的解释适用法律的方法和理论也可能是有缺陷和有偏颇的，这些不足和偏颇将由后来者批判和纠正。我完成了我的计划，实现了预定的目标，为此感到欣慰。

1994年夏，王保树老师和梁慧星老师同框。
两位导师第一次在招生简章公开招生，所招学生与导师在一起。

梁慧星老师和孙宪忠老师

梁慧星老师和谢鸿飞老师

梁慧星老师和朱广新老师

梁慧星老师在教室课程上

梁慧星老师与博士合照

先生之风 山高水长

韩世远
1994级博士

师生是一场缘分。遇到梁慧星老师，是我的幸运。

愿从名师而学，有此心愿者自然多如过河之鲫，而能够跳过龙门者，可谓少之又少，这在“扩招”之前，尤其如此。1994年算是梁老师在中国社科院研究生院博士生招生简章中正式招生的第一年（梁老师在1993年实际招收了李薇和傅静坤两位师姐），在这一年，我一个外地高校学生不知深浅地独自一人跑到京城考试，拔得头筹，投在梁老师门下，是我幸运的开始。事后听梁老师讲起，当年判完“民法”卷后，他与判“商法经济法”卷的王家福老师及王保树老师二人交流，问他们那一张卷第一名的名字，结果三位老师不约而同地给了同一个人，由此说明，若非老师们评分公平公正，如何可能？据梁老师事后讲述，有考生是他的年轻同事，故能够认识其笔迹，但是，第一名还是判给他认为应该得的人。不仅如此，梁老师还不止一次地向人讲述这次第一名的考卷如何给他留下深刻印象，拿出来就可以在《法学研究》上发表。我与梁老师非亲非故，蒙老师如此器重，实在诚惶诚恐且不敢当；当年的试卷是见不到了，不过，蒙梁老师鼓励，事后还是凭记忆将其中一道题写成了一篇文章，后来还真的发表在《法学研究》上，这便是“论中国民法的现代化”。

韩老师博士论文答辩后
和答辩委员合影

2010年
梁老师和韩老师合影

梁老师说过，中国社科院是个相对自由的地方，在这里可自由地阅读、自由地思考，可以形成自己独立的思想，这在当时是非常珍贵的。这是他的肺腑之言，他是这样过来的，他也这样带学生。

社科院的自由，首先是以学生自由读书为主，法学专业老师上课并不多，而且上课的内容、形式都很自由。在这样的自由宽松的环境中，通过学术报告，可以领略不同老师各自的风格。梁老师在这个阶段对我的影响，主要是民法解释学的基本方法、法学论文写作方法、独立研究的方法以及从整体上把握民法问题的方法。当然，自由并不等于完全放任，要求还是有的，当时梁老师对我们博士生有三点基本要求：一张文凭、一部专著、两门外语。正是因为有梁老师的上述要求，在这个阶段，我坚持学习了二外日语。当时，梁老师给我们讲他年过四十学日语的方法与经验，深受鼓舞。我后来继续学习德语，与梁老师当年的鼓励有很大的关系。而上述诸方法的学习正是梁老师“授人以渔”的结果，使我受益无穷。梁老师当年出版的《民法解释学》及后来出版的《裁判的方法》《法学学位论文写作方法》等，既是他重视方法的表现，也是他多年教学科研经验的结晶。

社科院的自由，另外一个重要的表现是老师们并不强调学生的观点要和老师的保持一致，更不会以自己的学术优势压迫学生。这也可以说是社科院法学所的一个重要的传统。当年谢怀栻先生与我们博士生座谈时是如此讲的；向来敬重谢先生的梁老师亦是如此。读博期间去梁老师家，那时梁老师到清华大学给学生开“民法总论”课，兴致勃勃地讲清华的历史及其所见所闻，讲清华国学院四大导师，讲陈寅恪先生所写王国维先生纪念碑文中的“独立之精神，自由之思想”，其情其景，犹在眼前。如今这十字箴言被《清华法学》杂志印在封底，予以强调。今天看来，这种学人传统十分难得，理应传承下去。

梁老师对清华一直情有独钟，这一点对我也有相当大的影响。后来得知，我的硕士导师崔建远教授去清华，便是受到了梁老师的影响及推荐。梁老师本人曾经想去清华任教，并且当时构想了包括这两位老师及我在内的老中青三代的清华民法学术梯队。当然，后来阴差阳错，梁老师没有正式去清华，不过，他一直是清华法学院的兼职教授。

学生的成长得益于老师的栽培。在随梁老师读博士期间，梁老师已开始组织全国民法学术力量起草《合同法》学者建议稿。及至统稿阶段，梁老师发现“格式合同”部分被起草成了“标准合同”

（亦即行政管理部门的推荐合同文本），由于我的硕士学位论文写的是免责条款，梁老师便让我来起草条文并撰写理由说明。我参考德国、英国等的比较法，起草了十三个条文及其理由说明，按梁老师的要求完成了任务。最终，在《合同法》中有四个相关的条文。记得后来有一次，梁老师讲起这段往事还曾经说过：“世远，现在看来《合同法》在格式条款上只有四个条文还是简单了，当初应该像你起草的那样多规定几个条文。”

1997 年我博士毕业，虽然已经拿到了清华大学人事处的录用通知书，后来还是留在了中国社科院法学所民法室，继续跟随梁老师从事科研工作。1999 年《合同法》通过后，梁老师经常受邀到全国各地法院宣讲这部新法律。当时，蒙老师信任及栽培，让我陪同并分担部分讲课任务。通常是在一个法院讲两天，梁老师讲半天我接着讲半天，第二天亦复如此。这段经历，对我而言，亦受益匪浅。其一，反复听老师讲课，在深入领会立法精神的同时也在学习讲课的技巧；其二，对于一个欠缺法律实践经验的年轻人，提供了难得的直接与法官接触和交流的机会。当然，通过讲课，多少会有一些经济收入，梁老师总是坚持对半分，不在意报酬的多少，并且跟我讲：“即使没有报酬，法院请我们去讲，也应该去讲。”这部分讲课收入，对于那时工作不久、月薪不足千元、妻子暂无工作且孩子尚小的我而言，确实是一个相当大的帮助。

在我心中，梁老师有着一般民法学者所没有的远见卓识和使命感，编辑和出版《民商法论丛》和“中国民商法专题研究丛书”，便是例证之一。记得梁老师曾说其目标是“论丛”和“丛书”各出一百种，并言如能实现，中国民商法研究将会呈现别样局面。老师的这一壮举，我算是其中的一名受益者。研究人员要出研究成果，而出版难时至今日依然存在。我的博士论文《违约损害赔偿研究》有幸被收入梁老师所主编的丛书当中，当时不仅不用我支付出版费，而且还能够领取一些稿费，这是很少见的。如今，先生的上述目标已经逐渐实现，极大地提升了我国民商法学的研究水平，培养了新人，缩小了与台湾以及日本民商法研究的差距，有的甚至超越了台湾甚至日本的同类研究水平。这一切与梁老师多年持续的努力是分不开的。民法室在梁老师领导工作期间，虽然没有硬性的工作任务，学术研究比较自由，但梁老师对于推进民法学术研究还是有着合理的规划并有具体的指引。比如 1998

年，梁老师组织撰写《民法学原理（多卷本）》体系书（参见梁老师为陈华彬《物权法原理》一书所作序言），让我和另外两位同事共同承担债权法卷，由此促生了我后来的《合同法总论》。这本书虽然出版时我已经调动工作到了清华大学法学院，但实际上书稿初稿是在中国社科院法学研究所完成的。可以说，在法学所民法室工作的四年，为我后来的科研奠定了坚实的基础，我一直认为这段经历要比我博士毕业直接到高校任教好很多。

梁老师有着一般民法学者所没有的远见卓识和使命感，例证之二可以举其组织并完成的《物权法草案建议稿》《中国民法典草案建议稿附理由》等，无一不是国内首举，发人之未发，对于中国民事立法的完善，对于民法典的起草，贡献卓著。我个人作为其团队中的一员，也为此感到自豪。

梁老师有着一般民法学者所没有的远见卓识和使命感，例证之三可以举其对于裁判的重视。民法是典型的实践理性，民法学是典型的实用科学。从《民法解释学》到《裁判的方法》，从长年坚持到各级法院演讲到担任北京仲裁委员会主任，无不展示出先生重视学以致用，致力于提升中国裁判者解释法律、适用法律的能力。

以上所举三点，可对应于先生所重视并数十年间游走其间的民法学说、立法和裁判。我一直认为梁老师是有人格魅力的人，是值得特别敬重的人。他的人格魅力是无法用“一个真正的学人”或者“一个领军人物”之类语汇所能描绘和表达的，而是从与其平常的接触、从其言谈举止、从其待人接物等方面无声地流露出来的。这种魅力，可以感知，却难言说，更难模仿。这种魅力，总能够给我以激励，从他那里我总能够得到鼓舞，激发进取的力量。正因如此，逢年过节，只要可能，我总要到老师家里去坐坐，聆听老师教诲。能够遇到这样的老师，确属人生幸运。看到有媒体采访梁老师，使用了“甘为红烛照新知”，我觉得十分贴切，也十分感恩老师多年来的栽培！在梁老师身边学习和工作的日子，是那样的美好，让人留恋。

师生是一场缘分。谨以这段学生心中的记忆，祝贺老师生日！并祝老师健康长寿、长命百岁！

2015 年 1 月 27 日

美东暴风雪之夜剑桥旅次

致敬恩师

刘承韪

2002 级博士

提笔之时，窗外恰是纽约的冬夜，狂风伴飞雪，异常的寒冷，但一想到梁老师那招牌式的微笑，内心顿觉无比的温暖。自从正式拜入梁门已经十几个年头，自己博士毕业到法大从教也有十年。十多年间的影像经常浮现脑海，想起梁老师诲尔谆谆的教导与栽培，想起梁老师对学生的提点与关爱。所谓“经师易遇，人师难遭”，梁老师不仅授业解惑，更是传道恩师。每次去梁老师家中拜访畅谈，不仅能启迪心智、润泽心灵，更能顿悟人生，尔后“孜孜焉竞其职，莫敢或怠”，以对得住梁老师的期望。

师生之缘分

第一次见到梁老师并听他授课，还是 1996 的大学时期。在那个法学经典教材和学术专著奇缺、学术交流也相对闭塞的年代，时任法律系主任的刘定华教授开法学交流风气之先，邀请梁慧星老师、孙宪忠老师、徐国栋老师、杨紫烜老师、漆多俊老师等诸多民商经济法学精英前辈为我等懵懂学子开灵启智，至今想来仍十分感激，感激梁老师他们在我们纯净但空落的心灵里种下的梦想火种。当然也不乏与梁老师相关的有趣记忆。有一次讲座后，身为学生会主席的青岛小老乡王师弟代表同学们向梁老师敬酒致谢，竟将满满一杯酒倒了梁老师一身，梁老师不仅没生气还不停地帮学生化解着尴尬。我们事后都说，王主席不讲武德，用“盘外招”让梁老师记住了他。

几年后辗转西北政法读研，不久便下定了去北京拜师梁老师的决心。西北政法师生对梁老师的学术推崇、人格赞誉之程度，更坚定了我的想法。后来我也经常说，我读书东南西北（山东、湖南、陕西、北京）折腾这么一大圈，之前去长沙是调后余生，去西安完全是奔着我那在西工大读书的一起长大的大侄子，只有北上追随梁老师读书为学，才算是关于自己职业生涯规划的自觉理性选择吧。硕士同学不止一个人跟我说，还是考北大博士吧，北大名气大牌子硬啊，我还清楚地记得我的回答，北大没有梁老师，梁老师在哪我去哪啊。

之后虽然历经波折，但终遂了自己拜入梁门的心愿。而第一次在北京正式拜见梁老师，就在其长安街北面、东总布胡同的那所房子里，也就是他后来卖掉以捐建青神图书馆的那个房子。

学问之贯通

梁老师的学问贯通中西。我至今仍惊讶于梁老师学问之高深，不管是民法理论问题还是多么复杂或琐碎的民法实务问题，梁老师都能给出令人满意的答案，他是真正融会贯通的法学大师。后来据最高法院一位副院长说，梁老师近些年几乎走遍了全国所有的高院和中院，给法官讲课，与法官交流，帮法官答疑解惑，这自然也就不难理解了。

梁老师在海外同样有很大影响。且不说梁老师在日本民法学界的影响和口碑，早在20世纪80年代时就有瑞士专门研究中国的刊物，专门刊载翻译梁老师的《论企业法人与企业法人所有权》和《论计划原则与合同自由原则》等代表性论文，后来其七卷八册的大部头民法典草案在2010年更是被译成英文在荷兰出版。对于国内民法学者来说，这样的域外影响并不多见。

不仅如此，梁老师的学术视野并没有局限在大陆法系，他对于英美法也有精深的把握，保持开放的姿态。早在八九十年代梁老师就翻译发表过比较法和CISG等方面文章。而在起草统一合同法过程中，作为统稿人，他以开放的国际视野广泛吸收CISG、PICC和英美法先进规则的做法是真正使得中国99年合同法领先世界和广受赞誉的重要原因。梁老师平时也十分关心英美法发展状况，几乎每次去家里他都会问到美国和英国合同法学界的研究动向，我"对价原则"的博士论文选题，后来发表过的英美契约法理论发展论文与著作、合同法重述文、UCC文、Farnsworth文、Atiyah文等都算是在梁老师的提点和启发之下的产物。2014 年出国前，梁老师还叮嘱我要写出“美国合同法：Farnsworth 之后”的论文。

梁老师更是无数次跟我说，未来的中国法学家是跨国境的，也是有自觉意识的，需要到国际舞台上发出我们自己的声音。对于中国民事立法和法学发展，他的建议也着实用心良苦：“留学德国的就说德国的好，留学法国的就说法国的好。留学某一个国家，懂某一国家的语言，经常看某个国家的资料，往往受这个国家的影响和局限，这不奇怪。但要保持头脑清醒，坚持独立学术立场和民族立场。世界上有各种各样的法律制度、立法方案、理论学说，不应该简单化地以自己熟悉的那个国家的法律作为评判标准。任何法律制度、立法模式、理论学说都有其所以存在的特定社会环境和历史条件，不存在放之四海而皆准的绝对真理。改革开放以来的民事立法，坚持从中国国情出发，广泛参考借鉴发达国家和地区成功的立法经验和理论学说，而以符合我国国情和需要为唯一选择标准，绝不是简单照抄某一个国家。”他的思想不仅闪烁着萨维尼的影子，也影响和成就了好评如潮的中国 1999 年合同法。

人性之高洁

我最敬重的是梁老师贞高绝俗的人生境界，如果用一句词来形容，“一点浩然气，千里快哉风”是最为贴切的了。梁老师近两年也经常给我们讲起陈寅恪先生，我想除了两人一些类似的经历外，梁老师也跟陈寅恪先生一样有风骨、有气节，是其“独立之精神，自由之思想”的传承者和践行者。

梁老师是真正的仁者。他的仁道是君子的仁道，于天下无适无莫，义之与比。他从来不厚亲薄疏，对于所有的晚生后辈都充满了关照和爱护，即便非自梁门出，非有法学所渊源，也毫不例外。他这么多年来招录博士生，也从来都是严格按笔试排名。2014 年我有幸忝列法大博导，梁老师还专门郑重告诫，千万不能嫌贫爱富，不能趋炎附势，不能因学生出身贫寒困苦而有不公，他还拿我等举例，说你看看你，还有那谁谁谁，不都是草根出身吗，我也不都把你们给招了吗？

梁老师的仁还是为公天下的仁。他于 2011 年卖掉了北京的那所房子，在自己的家乡捐建一座图书馆。他在图书馆落成仪式的致辞中意味深长地说，“自己曾在汉阳镇生活了 25 年，小的时候，镇上那个小小的阅览室改变了我这一生。

汉阳镇的父老乡亲给了我一个阅览室，我今天要还一个图书馆作为报答。”仁者爱人，爱人者，人恒爱之，这是梁老师广受景仰与爱戴的真正原因。

近几年来，梁老师久居南国，回京甚少。每当同门或同道说起梁老师和师母，内心都甚是想念。我也经常深夜想起跟梁老师的对话，有为学的教诲，有生活的关切，有做人的提醒，然后可能就是自己傻傻地笑一下，被温暖包裹着睡去。于我而言，夫子之文章，可得而闻也；夫子之言性与天道，不可得而闻也。但虽不能至，心向往之。作为梁老师的学生，衷心地祝福老师健康幸福！还是那句话，自古仁者多延寿，恭贺梁师福寿多！

敬爱的梁老师：

在依法治国的征程中，您是法治事业的建设者，
为天地立心，为生民立命。
在法治前行的道路上，您是辛勤耕耘的法律人，
十年如一日，传承法治事业。
在潜心治学的道路上，您是学术研究的法学家，
著书立说，发凡起例。
在教书育人的岗位上，您是人类灵魂的工程师，
桃李满天下，春晖遍四方。
祝愿我敬爱的梁老师，福寿安康，吉祥如意！
学生敬上

2022 年 10 月 20 日于武汉
2010 级法律硕士：罗贵平

贺恩师寿

张兰兰
2012级博士

2012年我入读社科院时，有事未参加开学典礼，听闻作开学致辞的教师代表正是梁老师，还为错过朝圣机会抱憾了许久。那时的自己怎么也没有想到，后来竟幸运地成为梁老师的弟子。

梁老师云，招生无门第，求学无派别。作为教师，为国家培养人才，招生不应有门第之见，无论背景如何，均应以考试成绩为标准；作为学生，求学亦不应有派别之分，无论师从何人，皆为国家富强而读书。先生之言，令我感佩，亦是我向往之境。愚生有幸，学术生涯开启之初就浸润其中。我硕士本是跟随孙宪忠老师，考博那年恰逢孙老师招生名额轮空，因缘际会，最终得以拜到梁老师名下。梁老师不仅给了我宝贵的求学机会，更是在尚未谋面时就对我关怀备至。在博士开学之前，和老师的交流都是通过邮件和短信进行的，即便如此，依然能感受到梁老师对学生的关爱和期盼。梁老师叮嘱我利用开学前几个月时间提高外语水平、思考研究方向，悉心教授外语学习技巧、推荐专业书目，并时常查问学习情况。我知道梁老师患有眼疾，看到长文来讯后既感动又歉疚。开学后，与诸师长一同到府上拜访，这才得见梁老师真容。梁老师形貌清瘦，目光如炬，仿若世外高人，可与我们说话时又如此和蔼可亲，像邻家爷爷。在梁老师府上亲聆教义时，师母会备好水果、沏上佳茗，众学生围坐一旁，先逐个分享近期学习或工作情况，梁老师接着讲授方法论和具体制度，再由学生提问，梁老师则一一悉心解答，最后还有签字赠书环节。由于在读学生众多，加之往届学生时常来访，如此下来，整个过程长达三个多小时，数年来未有改之。其间，亦会有其他老师的学生慕名而来，梁老师皆不分亲疏，一视同仁。

梁老师严格要求学生的同时，更给予学生充分的治学自由。梁老师说，社科院的博士培养方式很自由，不会用太多条条框框束缚学生，但他要求学生在毕业时做到“一本专著、两门外语、一张文凭”。在博士论文的选题上，我与梁老师商量多次，最终确定写比例原则的私法适用。梁老师嘱咐我，要写出一篇好论文。由于该选题需要用到大量德语文献，梁老师建议我赴德学习，同时练好口语、开阔眼界。我在海德堡大学联合培养时已届博三，博士论文的写作进度却不尽如人意。为了有更充裕的时间完成论文，我忐忑地向梁老师申请延期。不料，梁老师的一句“延期何妨！”不仅极大宽慰了我，还给了我完成好任务的勇气和信心，延期后的写作过程也因此更加安心从容。在论文写作中，我发现比例原则不应被局限于某个部门法，其更属于方法论问题，且核心在于权衡。德国权衡理论与日本利益衡量论有所不同，我在文中大胆认为前者可能更适合当下的司法实践。梁老师作为利益衡量论的引入者，对此非但没有丝毫愠色，还积极推荐我的论文为优秀博士论文。回顾求学生涯，博士阶段无疑是一段奢侈的自由时光。它逐渐形塑我的性格，完善我的认知，使我找到今后继续努力的方向。这一切，都源于梁老师的支持和包容。

梁老师治学之勤、治事之无私，令人敬佩。梁老师著述之多、对中国社会及中国民法学影响之广，世人皆知。尤其可贵的是，梁老师真正做到几十年如一日，专注于学术研究，哪怕是在患眼疾后需要用放大镜辅助阅读，依然心无旁骛、潜心治学。民法典编纂期间，梁老师以七旬高龄撰写十数篇论文，直言草案不当之处。梁老师说，编纂民法典时，学者的使命是制定一部先进的、科学的、完善的民法典，而民法典颁布后，学者的职责便在于解释好它。民法典甫一出世，民法学人需要花费大量精力重新熟悉条文，这即便对盛年学者来说也非易事。2020 年 6 月，梁老师被邀请至多家单位讲学。在长达三个多小时的讲授中，梁老师几乎全程脱稿，对民法典条文信手拈来，在座学生无不惊叹。之后，梁老师又慷慨授权微信公众号免费转载授课视频，泽被众人。无论是参与立法过程中的建言献策，还是传授民法知识，梁老师都抱持一种无我的状态。对梁老师而言，为国家的事尽职尽责，是学者的本份。梁老师不仅在国家的事上无私忘我，在面对鲜活的个体时亦是如此。梁老师为了在家乡捐资修建图书馆而卖掉北京房子，青神县汉阳乡的孩子们得以借此看到广袤的世界；在退休金上被领导为难的杭州老太太、幼年因变压器致残却索赔无门的《大地行者》作者王宏武等等，梁老师亦为其所受的不公正待遇而据理力争。梁老师始终认真践行着“为天地立心，为生民立命，为往圣继绝学，为万世开太平”，是真正的“士”。

梁老师不仅在治学治事上堪称楷模，与师母的情义也让人动容。早期在昆明工作时，梁老师想为产后虚弱的师母买些肉补充营养，好不容易得到肉票，第二天清早赶去排队购买，不想大家争先恐后、乱作一团，竟把梁老师挤出人群，最后有热心人相助方才如愿。梁老师说，他至今仍然记得被挤出人群时的焦急心情。此时，老师的眼里分明泛着泪光。梁老师和师母携手共同走过大半辈子，夫妻感情之深，实在令人艳羡。梁老师将卖房捐建图书馆的想法告诉师母后，师母没有丝毫犹豫地同意了。看到图书馆在汉阳落成，梁老师高兴得像个孩子。师母看到后偷偷和身边的学生说：“从来没见过老梁那么高兴过！我卖那套房子值了！真值了！”如今，二老走遍祖国山河，赏花赋词写字，“闲坐听风阁，静听风和雨”，好不快哉！

经师易遇，人师难求。能跟随梁老师，是我一生的幸运。在恩师八十华诞之际，愿以此小文表达我的感激于万一。衷心祝愿老师和师母身体健康，福寿绵长！

从梁师游

徐卓斌

2013 级民商法专业博士

2016 年 5 月 19 日
徐卓斌博士论文答辩通过后在梁老师北京家中与梁老师及师母合影

敬爱的梁老师即将迎来八秩华诞，而我博士毕业也已经六年有余了。回顾梁师亲炙的九年余，涌上心头的体会是：从梁师游，不亦乐乎！

与梁师的学术交往，实际上应从 20 世纪 90 年代末我在复旦大学法律系读本科时算起。其时系里经常延请国内外知名法学教授前来开设讲座，梁师当然在受邀之列，几乎每年一次。众多知名教授中，梁师的讲授对某一问题能够讲清来龙去脉，能够说清难点疑点，理论有实践之支撑，实践则有理论之基础，可谓相得益彰、鞭辟入里、一语中的，给我留下深刻印象，其时对梁师可谓“私淑”“神往”。继而在复旦接受完硕士教育后，我便进入法院从事实务工作。我所从事的是知识产权审判，但在工作中愈发体会到民法功底的重要性、根本性，便萌生追随梁师攻读博士的想法。我曾看过梁师 1996 年时的一个访谈记录，其中说到考法学所民法专业的博士很难，每导师每年录取一人，按照总分排名，录取公正。事实证明我在 2013 年报考时依然如此，而我事先根本没有与梁师取得联系，可见梁师对公义之一贯坚守。

考取后，梁师对我的教育也是一贯的宽松民主。教育先贤梅贻琦先生曾用“从游”来形容师生关系：“学校犹水也，师生犹鱼也，其行动犹游泳也。大鱼前导，小鱼尾随，是从游也。从游既久，其濡染观摩之效，自不求而至、不为而成”。梁师正是这种教育方法的实践者，不会直接指定我看什么书、写什么主题的文章，而是让我自己去感受体悟，但要求向国际水准靠拢。基于从事的工作，我打算写知识产权主题的博士论文，老师也慨然应允。

毕业后，“从游”不辍。2017、2018 两年，梁师连续两次来到上海高院讲课，内容均涉及民法总则及裁判方法，受到上海法官的热烈欢迎和高度评价，我也得以随侍左右聆听教诲。老师自谦已基本停止学术研究，但实际上其学术热情可谓老骥伏枥、志在千里，对立法中的重大问题频频发声，颇有古时士大夫之风，体现了对国对民的高度责任感，值得我辈追随效仿，生活中梁师以书法、古诗自娱，且造诣颇深，无不体现其高洁品格、君子之风。

在梁师八秩华诞之际，祝老师学术青春继续焕发，更祝老师健康幸福、阖家欢喜！何止于杖朝，相期以米荼！

我和梁老师的师生情缘

周奥杰
四川大学法学院 2017 届博士
中共四川省委办公厅法规处副处长

柳暗花明的师生缘

第一次见梁老师是 2010 年 9 月 15 日，在山东大学洪家楼校区逸夫法学楼的学术报告厅。我在读大二，作为交换生在山东大学法学院学习。梁老师来校作报告，讲的是“《侵权责任法》重大疑难问题”，王丽萍教授（现在可以斗胆喊一声师姐）做主持人。当时我刚到山大报到不久，梁老师的讲座是我在洪家楼后听的第一场讲座。那天晚上梁老师在台上娓娓道来，316 学术报告厅座无虚席，我坐在右侧第三四排的座位上奋笔记录。讲座结束后，走在树木高耸、楼房低矮、灯光幽暗的校园，还在揣度“侵权责任法”和“侵权行为法”命名不同的个中奥秘。却未曾去想，肯定也不敢去想，自己有一天可以做梁老师的学生。

梁老师和周奥杰
在台儿庄古城

在山大交换了一年，然后去台湾交换了半年，回到川大不久就遇到梁老师来校作讲座。现在还记得，开场的时候梁老师说自己高考的第三志愿报的就是川大中文系。用“第三志愿”的典故来讲与川大的渊源，惹得大家哄堂大笑，现场气氛轻松愉快。唐磊院长在主持讲座时表达了希望梁老师常回四川、多来川大的愿望，这大概也为一年后梁老师到川大做特聘教授埋下了伏笔。也正因为梁老师后来做了川大的特聘教授，我才有了在成都做梁老师学生的可能。

梁老师、饶师母
在成都和小徒孙在一起

本科毕业前，我参加了“3+2+3”本硕博连读项目，继续在川大法学院学习。到了要转博士的时候，招生指标上出了问题，差点就要终断学业。所幸研究生院院长许唯临教授了解到这个情况，给我特批了一个“带帽指标”，而后由张家勇老师把我推荐给梁老师。时至今日，不少同学说我运气很好，这件事便是常被援引的例证。

梁老师在电话里答应了张老师接受我这个学生。到那时，我还没有和梁老师直接联系过。张老师把梁老师的电话给我后，叮嘱我别乱打电话，保护好梁老师的生活安宁权。我兴奋地存下号码，那一刻，感觉自己和梁老师建立起了某种联系，不再仅仅是台上作报告的梁老师与台下的听众的关系了。

千金不换的师生情

梁老师在川大是兼职，每年来成都两次，指导自己带的学生（主要是法学院的青年教师）、给博士生上平台课、在法学院作报告。那时候，梁老师来成都是我们最高兴的事，大家只要有时间就往梁老师那里跑，向梁老师汇报学习情况、请教问题，聆听老师的教诲。梁老师和师母来者不拒、随时欢迎，若是遇上了饭点，还会把我们留下来一起吃饭。

到了成都，梁老师有时会回青神老家看一下。我也跟梁老师回去过，到过他捐建的图书馆和太白亭。图书馆是梁老师卖了北京的一套房子，在老家镇子上修建的。每次去图书馆，梁老师都要看一下借阅记录，如果遇到有人在读书或借书，他就会非常高兴。太白亭修建在顶高山上，那是李白写出“峨眉山月半轮秋，影入平羌江水流”的地方。据考证，李白漫游蜀中，由成都而下，经眉州至嘉州，曾在岷江边锦江山（又名顶高山）游览，后人筑亭纪念，黄庭坚命名为太白亭。梁老师筹资在旧址处复建，让我们可以立于太白亭中，迎着拂过树梢的山风，纵览平羌江两岸风光，遥想一千多年前李太白的扁舟和美酒。

在研究方向上，最开始梁老师希望我将巴西民法典作为博士论文的专攻方向，一来当时我们国家正在编纂民法典，二来巴西是我们的重要贸易国。梁老师说，我们国家的商业贸易延伸到哪里，我们的研究就要跟进到哪里，我们国家的投资投向哪里，我们的研究就要保障到哪里。为了帮助我学习葡萄牙语，还专门安排我去澳门学习了一段时间。我在澳门期间，梁老师恰好有段时间在珠海。在一个周末，我去看望老师和师母。能够在成都之外的地方见面，大家都很高兴。师母在家里做了很多菜，席间还饮了白酒。不过，惭愧的是，由于我努力不够，没能把这项研究进行下去。

毕业后，我到了政府机关工作。参加工作第一个月去云南出差，梁老师正好在昆明。晚上，去“荒凉山庄”拜访老师和师母，梁老师写了一幅字送给我——“兰幽香飘远，松寒不改容”。我有了孩子后，师母遇到觉得好看的儿童衣物，也会买了寄给我们。这些事，这些关心关爱，让我感动不已。

虽然现在没有从事学术研究了，但梁老师教的东西，无论我从事什么职业，都可以受益不尽。梁老师平时话不多，语速不快、声音不大。记得有次一起吃饭，大家有一句没一句地闲聊着，其间梁老师轻轻说了一句，“我这一生没有对谁卑躬屈膝过，也没有对谁趾高气扬过”。回家的路上，爱人对我说，听到这句话她钦佩至极、感动不已，差点掉下泪来。

哲人易老亦难老。欣逢梁老师寿诞，祝梁老师健康快乐！

《编纂民法典，追逐中国梦》访谈忆

申惠文

梁老师 2015 级博士后、郑州大学法学院教授

2015 年 8 月至 2018 年 6 月，我在中国社会科学院法学研究所从事博士后研究，导师是梁慧星老师。在梁老师的悉心指导下，我申报的课题《民法典提取公因式立法技术》和《民法典规范表达立法技术》，分别有幸获得中国博士后科学基金第 59 批面上一等资助和第 10 批特别资助。在博士后研究期间，多次在梁老师家里，就民法典编纂相关问题，请教梁老师。梁老师宽容豁达的心态，严谨的治学态度，对民法科学的热爱，对社会正义的追求，给我留下了终生难忘的印象。

2016 年 1 月 26 日访谈结束
梁老师与申惠文
在梁老师家里合影

最值得一提的是，2016 年 1 月 26 日，受《人民法治》杂志社委托，就当时学术界和实务界均关注的民法典体系构建等问题，深入采访了梁老师。当时参加访谈的还有周杲法官、马德军律师和硕士生杜志勇等。根据访谈内容，我整理了一篇访谈录《编纂民法典，追逐中国梦》，发表在《人民法治》2016 年第 3 期。时光穿梭，七八年过去了，《民法典》已经颁布实施两年多了。在访谈中，梁老师对民法典的很多认识，至今仍然具有重要的理论和实践意义。

至今还清晰记得，来到梁老师家后，就发现茶几上，已经摆好了茶杯。梁老师像招待客人一样，让我们不断品茶。无声之中显示出梁老师对此次访谈的重视，对民法典的真情期盼。我们安坐下来，与梁老师开始互动交

流，“科学”“体系”“中国化”成为访谈的关键词。

在访谈中，梁老师多次谈到，民法典要科学编纂。一是要科学解释“编纂”。2014年党的十八届四中全会决议，用法学上非常规范的“编纂”两个字，就是在强调民法典的科学性。二是科学对待民法典草案的起草。最好成立由各方面专家组成的民法典编纂委员会，由民法典编纂委员会提供民法典草案。三是科学看待分步编纂民法典的路径。梁老师建议总则和分则同时进行，协调统一推进，同时提出一个折中方案，在制定民法总则时，可以同时附一个议案，即民法典的结构体例，或民法典编纂大纲。四是科学进行审议。民法典草案条款很多，与现行法一致的条款就不再审议，只将有实质改动的、新增的条款，进行审议，这样可以提高审议的效率。五是科学对待专家。对民法典草案，要充分发挥法学专家、法律专家的知识优势，对争议的问题进行理性辩论，以便决策层做出相对科学的决策。

在访谈中，梁老师多次强调，民法典一定要讲逻辑体系。第一，民法典本身就是逻辑体系化的法典，而不是松散式的民事法律汇编。第二，民法典要统领商事活动，制定商事通则或者在民法典中专章规定商法的一般规则，从立法技术看很难操作。第三，人格权不能适用总则编关于民事法律行为、代理、时效和期间的规定，因此人格权不能单独设编。第四，由于违约责任与侵权责任的个性大于共性，不宜专章规定民事责任。第五，如果要设立债权总则编，要特别注意与合同编和侵权责任编的协调，避免制度的缺位或制度的重复。

在访谈中，梁老师多次提醒，民法典要立足中国本土。其一，要尊重《民法通则》以来形成的制度传统。比如，《民法通则》将法人分为企业法人与非企业法人，经实践检验是可行的。将法人分为社团法人和财团法人，不符合中国的实际情况。其二，要尊重清末以来学习借鉴德国民法形成的民法传统。要从历史角度看问题，清末我们就是学习德国民法。人们反对它，就说它太逻辑化，太学术化，老百姓不容易懂。事实上，因逻辑性、体系性强，更容易学懂，更容易法律适用。其三，要解决中国实践的民法问题。比如，对于人格权商品化问题，德国有德国的路径，美国有美国的路径。我国长期以来形成了通过侵权赔偿解决这一问题的路径，是经实践检验，是成功的。总之，立足中国国情，尊重历史，才是民法典编纂的现实主义路径。

编纂民法典，是新中国几代民法学人的梦想。梁老师在短短两三个小时访谈内，将民法典编纂中的重大争议，言简意赅地进行了明确解答。梁老师讲解民法典编纂的过程，如数家珍，娓娓道来。梁老师对民法典倾注了大量心血，对民法条文烂熟于心，信手拈来，运用自如，令人钦佩。访谈结束，梁老师又耐心回答了我们提出的其他问题。

作为一名郑州大学法学院教师，我时常给学生提起对梁老师的这次访谈，提起与梁老师的每一次交流。梁老师强烈的社会责任感和精益求精的学术担当，无不时时刻刻激励着我和我的学生。作为梁老师的学生，我有义务去传播梁老师的民法思想，让良好的传统代代相传，让民法典的精神代代相传。民法是幸福的科学，学习研究民法的人是幸福的。这是我在梁老师指导下学习研究民法的点滴心得体会。

梁老师即将八十大寿，衷心祝愿梁老师身体健康、幸福吉祥！

梁老师：
积极的理想主义斗士

王玉乔

2017 级博士研究生

谈及梁老师，语言似乎是多余的，虚伪的，远不及真实的师者表率之万一。所以我也只能说说我所闻、所见、所观、所感的梁老师，这其中必然掺杂着作为民法学子的些许自我感动式的情感投射，但我绝不认为它是不真的。

初见梁老师是在一个学术讲座上，那时我还在华政读研究生。听闻学界泰斗来校讲座，报告厅一时座无虚席，庆幸自己占到一个靠近讲台的视角。临近开讲，礼堂突然静了下来，只见几人缓缓步入讲堂，其中身着卡其色休闲套装的男士，一眼便认出，是梁老师，活的。老师似乎行动略有不便，迈上讲台前的一小段台阶需人搀扶，一只伸出的手微微颤抖，脚下略一趔趄……下一个片段里梁老师已泰然安坐在讲台正中，不显不露，一派智者气度。然而那短短几秒钟的上台却令我心下升腾起炽烈的敬意，时至今日，不经意间忆起仍是无限感佩。

然老师思路之清晰，表达之晓畅，近两个小时的讲座竟未见疲态，面对学生的提问，不假思索张口即解疑答惑，我那点刚升起的傲慢的恻隐瞬间被更巨大的震撼吞没。年龄与机体的老去只是事物生发绽开的正常现象，思想才是一个人人格的真实呈现。

再次见到梁老师已是在北京，作为新生第一次见老师，心情是雀跃多过忐忑。拜访日是在一个初秋的上午，梁老师及师母一早已在家中等候，见乌泱泱一群来人，便不紧不慢地招呼众弟子入座。近距离偷看老师，一身熨帖的中式对襟盘扣上衣，气质温文，还是那么从容淡然。聆听老师的教诲，感慨最深的是老师将一生际遇归功于改革开放，归功于恩师与社科院，却未谈及自己如何之努力，如何之聪慧、如何之奋进。事实上，老师著书讲学，泽被学林，又心系民生，深入基层传播裁判智慧，积极回馈社会，四十余载不辞辛劳，甘之如饴。人生际遇固然十分重要，但数十年如一日的坚持有赖过人的天分，长久的责任心更彰显品格的高贵。老师在将一生际遇归于时代的同时，也将时代掮在了肩上。

面对老师的博大与谦逊，我常有面对大河无限惭愧之感。我心目中的梁老师是一位理想主义者，是如今这个时代已属稀有的乐观且积极的理想主义斗士，是凭着信念、胆识、操守，始终行进在路上的民法斗士。这个时代不乏自诩客观冷静的悲观的理想主义者，在激情退去斗志消磨后便只顾低头耕耘自己的花园，自我安慰是“冷眼看开，热肠挂住”，其实无非遁入缄默无声处，落了小乘。在学科建制日益专业化、精细化的今天，许多人不想、不敢甚至不愿去触碰一些基础性、原则性的宏大命题。然而，历史的巨轮下无人可幸免。对于这些旁人避之唯恐不及的问题，老师的态度始终是不畏不惧不回避，得失不计，毁誉由人，不亢不卑，风骨自生。

如果说每个人生来便是活一场梦，那么梁老师的梦便是一场为了民法典而斗争的梦。无惧干戈起，只恐一梦醒，这梦中有安亦有危，老师身上透着浓厚的居安思危、忧国忧民的士大夫心性。苏格拉底四处诘问，代价是一杯鸩酒，却也问出了民主的软肋。梁老师的敢于发问（感谢这个时代的多元，尚能容下勇敢的异见者），我想是令我们反思，反思行动的真意，言语的力量：words are deeds，去质疑、反思、发问、言说。人类群星闪耀，我想正是因着梁老师这样的智识分子的存在，否则，真理将被沉默的巨大阴影所遮蔽。

所以，当我望向梁老师，除了由衷感佩，更多的是歆羡。我觉得老师是幸福的。不虚度光阴，未汲汲名利，以学术为此生志业，永远坚持在路上，永远怀抱希望。播种者的幸福不在于幻想未来的丰收，而在于希望的可能，并坚定地向着这份希望信仰一跃。梁老师为我们示范了一种为学为人的可能向度，若有完美，完美不过如此。

最后，谨借易安居士的词向老师祝寿，因我实在写不出好句，又觉得此句字字写得便是梁老师：

“鹤瘦松青，精神与秋月争明。德行文章，素驰日下声名”。

祝愿老师寿诞快乐，身体安康！

2022 年 10 月 20 日

我为什么要背法条

孙政

2017 级硕、南京中院

实际上，我的法律学习生涯并不是自始而就的。高中是学理的，大一时更是数学院数学与应用数学专业的，到了后来才转专业到法学院学习法律。大学期间的这几年，也从未想过可以通过“背法条”来学习法律，最多只是在快要考试时看一看那些重点的条文。甚至在准备司法考试的那数月时间，也从未想过去记忆法条。

参加工作的第一站，是在江苏一基层法院。在基层法院工作的五年间，先后在民事审判庭、派出法庭、研究室等部门工作，直接或间接办理的民商事案件也有五六百件（这在中基层法院并不多）。在此期间，除了对经常用到的部分条文印象深刻外，也并没有过多的记忆需求与动力。因为法律文本就在身边，处理案件时可以随时翻阅。直到后来，来到社科院读研遇到梁老师，作为法律实务工作者的自己，终于找到了“背法条”这个“返璞归真”的学习方法。

记得那是在2017年9月的一天，梁老师给我们做《民法总则》条文解读的讲座。近 3 个小时的讲座，梁老师从第 1 条一直讲到第 206 条，逐条讲解，深入浅出，逐条分析，理论与实践兼具，让人获益匪浅。讲座内容固然精彩，但真正让我印象深刻或者说影响甚至说改变我的，则是梁老师对《民法总则》一共 206 个条文的解读全程并没有用到讲义，也没有去看电脑上的内容。也就是说，梁老师已经将这《民法总则》的 206 个条文全部背下来了！

梁老师1944年的，2017年时也七十多岁了。我那时就想：一个七十多岁的老人都能背下206条两万余字的内容，我一个不到三十岁的年轻人，为什么不可以呢？“背法条”到底有没有用，试一试不就知道了？

实际上，通过“背法条”来学习法律的方法，一直是梁老师大力主张的一种学习法律的方法。梁老师一直认为，学习民法的传统方法，系以民法概念体系为对象，即所谓教义学方法，是现今法学院民法课堂教学采用的方法。通过这种学习方法，可以掌握一整套民法概念、原则、制度和理论的体系，为今后从事法律职业奠定知识基础。但法官裁判案件、律师办理案件，所面对、所理解、所解释、所适用的，却不是民法理论，而是民法条文。于是，须将在校期间所习得的民法理论体系，转换为民法条文体系。这便是梁老师所提倡的第三种学习方法，即以法律条文为对象的学习方法的缘由。

循着梁老师倡导的这种方法，我后来用了3个月时间，将《民法总则》全部条文背了下来。当然，这个过程也并非单纯的记忆，其中更有查阅更多资料的学习、理解与记录。《民法典》通过后，我也同样采用这种方法，记忆了总则编的全部条文，以及其余各分编的章节顺序及条文主旨。虽然付出了更多时间，但通过这个方法，可以更好地理解民法典甚至民法的体系架构、逻辑机理乃至立法目的与立法宗旨，这在以前的学习与工作中是很难获得的。记忆法条对我们的影响不是暂时的，而是长久与深远的，很多溢出效应随着时间的增长将逐渐显现。我相信，记忆法条的方法会像梁老师对我的其他影响一样，伴随终生。

实际上，我虽然是梁老师“名义”上的学生，但与老师直接接触的机会并不多。幸运的是，这不多的机会被我很好地“抓住”了。印象中，梁老师工作非常忙，很少有时间参与同学的聚餐，但有一次，同门聚餐他参与了。而我也比较幸运，当时也在其中。那时的我刚刚“从众”开通了公众号——走近民法典。虽然当时已陆续推送了三四个月的文章，原创的民商事实务文章也有几十篇，但阅读量平均也就两三百左右，关注人数也只有一千多人。当然感觉已经进入瓶颈期，很难再继续提升，也因此在纠结要不要放弃。

这次正好跟梁老师交流到这个问题。梁老师鼓励我不要放弃，也不要太在意短期的数字。创作与分享民商事实务知识，本身就是一个非常有意义的事情，应该坚持做下去。同时，梁老师建议我围绕民法典的重点法条进行梳理与解读，最好再结合一些案例，侧重实务但也要有理论，这样可能效果更好一些。实际上，这跟记忆法条的过程是很相似的，也可以相互补充与促进。与梁老师的这次交流后，我放弃了“放弃”的打算，并按照梁老师的建议与具体方法，重新将“走近民法典”公众号做起来，后来也开了同名的头条号。

此后至今的三年时间，我始终坚持以法条与案例为基础，侧重民商事实务兼顾理论，持续更新“走近民法典”公众号、头条号双平台，收获很大。截至目前，通过“走近民法典”公众号、头条号已陆续推送民商事法律实务文章 400 余篇，其中原创文章近超 140 篇，双平台总粉丝近 20 万，平均每篇文章阅读量双平台合计超 5000 次。此外，基于记忆法条以及“走近民法典”平台带来的附加效应，在出版社的协助下，围绕民商事法律条文与案例，已经出了 5 本相关实务书籍（其中有一本非常荣幸获梁老师作序），而目前在做的还有 5 本。

可以说，目前的我，已经找到了比较适合自己的一条民商事实务工作、学习、研究的“路径”。而自己能走上这条“捷径”之路，固然离不开自己的努力与坚持，但梁老师的影响应该是最大的外在因素。没有梁老师治学育人的精神上的影响，我不会那么执拗于法律业务尤其是民商事法律实务；没有梁老师提倡的记忆法条的学习方法以及亲身示范，我不会去尝试挑战记忆“民法典”这一看似很难且意义不大的事情；没有梁老师的鼓励与指点，我也不会坚持做自己的“走近民法典”平台；没有梁老师委身为一个不知名学生的小作品“慷慨”作序推荐，我也不会从编写民商事实务书籍中获得进一步认可并继续下去。可以说，没有梁老师的影响，我可能已经“躺平”，放弃在民商事实务方向上努力了。

总之，千言万语汇成一句话：感谢我的老师，梁慧星先生！

值同门撰文为老师贺寿之际，谨以此文，聊表对老师的感恩与感谢。同时一并感谢忙前忙后、策划这一活动并给予机会的其他老师以及各位同门！

典范与力量
——致敬导师梁慧星先生

曹玥
中国社会科学院研究生院 18 届

有一种称谓叫恩师，有一种谢意叫感恩。很荣幸，我师从梁慧星先生学法，在深入了解梁老师的人生成长之路、发展方向的独立思考和道路中的追求与坚守后，愈发感受到“仰之弥高、钻之弥坚”。

梁老师在一次人物访谈时说“第一要自己造就自己，第二是方法，第三是快乐生活，快乐学习。这就是我的人生。”是的，这就是梁老师的人生：他，身为大家北斗，著书做学问都是亲力亲为，常年笔耕不辍，谨庠序之教，扬法章威严；他，怀揣赤子之心，奔波祖国万里疆土，弘扬依法治国理念，推行法治法理；他，对未来充满希望，在九十年代成为我国民法学与国际接轨的重要开启者，在当今依然是我国民法典的重要制定、推行者；他，以学习为快乐，把民法当成一所大学校，自己永远做这所大学校的小学生，不骄不畏，认真做好每一个细节，做最后的笑者。

刚考取梁老师的研究生，还未见面时，因为梁老师的名气而感到畏惧。记得第一次与同学结伴到梁老师家拜访，还为怎么给恩师带礼物纠结，听到师兄师姐“梁老师不是那样的人”后，便懵懵懂懂到了梁老师家。见到梁老师，才感到他真不是那种人，他像拉家常一样，嘘寒问暖，了解每个人的情况，就是一位慈祥的长者，从梁老师家里出来后，我还为自己世俗的想法内疚。再到后来，梁老师一直关心我们的学习和生活情况，尤其在学习和做学问上，老师要求极严，总是教导我们要学会独立思考和判断，学习民法精神、民法的重要性，并用其造福人民。

桃李无言，下自成蹊。梁老师从教说法四十余载，桃李遍天下，多数已成为国之栋梁。正是这一批又一批聆听梁老师教义教诲、传承梁老师治学风范、弘扬梁老师说法精神的学生，越来越多成为国家和社会的优秀人才，为中华民族复兴贡献力量。

感谢梁老师的教育培养，您是我永远的典范与力量。

常念师恩!

马德军祝梁老师日月昌明，松鹤长春!

2016 年 1 月

马德军与梁老师合影

守望匠心，您孜孜不倦铸造师魂桃李芬芳；笔耕不辍，您不辞辛劳著书立说誉满神州；朝乾夕惕，您倾情奉献矢志不渝逐梦法治。您是一颗耀眼的明珠，夯实了民法典荣光的根基；您是一座巍峨的高山，气宇轩昂又虚怀若谷；您是一座信念的灯塔，指引着我们奋力前行；您是一列爱的阶梯，率领我们勇攀法律的顶峰。国之栋梁顺日月，慧星普照法天地。愿吾师生命之树常青，愿吾师生命之水长流，愿吾师平安顺遂松鹤延年！

——学生田英莲贺恩师梁慧星八十大寿

端午小聚

端午佳节，别院相聚，一如往常。

念过往，虽历历在目，却世事变迁；

说今时，纵惆怅感喟，仍躬耕前行。

于国家之责任，

于民族之关切，

于民法之期冀，

于学问之典范！

愿吾师师母健康快乐！

学生 周雅婷

2022 年 6 月 2 日

壬寅五月初四，端午节前

摄于梁老师昆明家中

第一次拜访梁老师时，正值北京的深秋，枫叶正红、银杏金黄，色彩满目美不胜收。想到即将见到老师，内激动但十分担心会不会因为自己的笨拙给老师留下不好印象，拿着《民法通则》边走边背，像极了要去参加考试。可惜路程不够遥远，一会儿就到了老师家门口。

梁老师戴着日后熟悉的黑色大框眼镜，一身学者儒雅气派，一脸微笑在门口等着我们。入屋后，老师专注聆听认真细问，逐一了解我们的基础和现在学习研究方向，给我们每一个人适合的建议，来时的担心在老师爽朗笑声和李宇师兄琅琅背诵法条的声音中慢慢消散。那天老师说了很多话，印象最深的是“学法学以后，记性会越来越好。” 因此，时至今日，我仍努力提升自己的记忆力。

老师热爱法律且心怀大爱，常常说“一个人选择了法学，选择以法律为业，你就选择了‘公平正义’。选择了以民主、自由、平等、博爱、公平、正义作为自己行为、处世的价值目标和判断标准。你应该有正义感，有是非观。无论你将来从事何种职业，身处社会的上层还是中层，你一定不要忘记法律的正义性，不要忘记那些生活在社会底层的、遭遇不幸的人们。”毕业后我做了律师，一直都牢记老师的话，努力自己不辜负每一份委托，代理的案子都能实现当事人之间公平正义。

云山苍苍，江水泱泱，先生之风，山高水长！祝亲爱的老师，生日快乐！

学生 姚姗姗

岁末年初，吾师伞寿将至，学生有感，遂书此文，以表贺意。

时退六年，忆回数载，经初试，过复试，入此校，早闻恩师为人雪胎梅骨，治学孜孜以求，授徒有教无类，学生四处寻访，终得名帖，年轻气盛，毛遂自荐，洋洋洒洒，谈司法为民初心、展砥砺奉献情怀，幸得师不以生资质平庸，终事与愿同，得恩师教诲。

时光荏苒、白驹过隙，顺遂结业，投身基层公职、献身司法事业，每遇困惑，偶有挫折，或偏离本心，常忆恩师谆谆教诲，犹言在耳，身遥心迩，醍醐灌顶，豁然开朗。

值此旦逢良辰，祝恩师如月之恒、如日之升，如南山之寿，如松柏之茂，从今把定春风笑，且作人间长寿仙。

学生 刘璐

愈民法五十載

第六卷

行路难！行路难！

时值梁老师
八十大寿

梁老师已在民法领域
耕耘五十余载

排除万难
上下而求索

1981年，还是硕士研究生的梁慧星在《法学研究》发表了《论企业法人与法人所有权》一文，石破天惊地提出了以现代企业制度及财产权制度对国有企业进行改造的观点，从经济基础的根本问题上对中国的未来进行了大胆思考。论点一出，学界哗然。十年后，当国家提出对国有企业经济制度改革时，人们恍悟梁慧星之高瞻远瞩。而这，不过是梁慧星充满前瞻性的学术研究的一个例子而已。

……

1994年1月，全国人大常委会法制工作委员会委托学者起草合同法的建议稿，梁慧星负责统稿工作。1994年11月起，梁慧星率领他的团队，对各单位提交的建议稿开始了从章节、条文到文字的统稿工作，当时的专家建议稿来自12个单位，每个建议稿都有自己的体系、理念、语言风格，而统稿时间仅有两个月，工作的艰苦程度可想而知。

……

2008年，汶川发生地震后，梁慧星不顾腿伤，以全国人大代表的身份亲赴灾区考察。他忧虑着“豆腐渣”工程，忧虑着民生，忧虑着建筑工程质量，思索着如何用法律规范建设单位、施工单位的行为，合理确定法律责任。作为中国社会科学院《侵权责任法》起草小组中核心成员的梁慧星认为除了建设单位和施工单位，工程监理方对建设工程质量也难辞其咎。在地震中，只要建筑物的质量达到一定质量标准，即使面临自然灾害，也不必全部变成废墟。

在 2009 年全国两会期间，梁彗星为此建议在《侵权责任法》中规定“监理人承担相应的法律责任”，后被答复“监理人承担责任不符合《民法通则》”。《侵权责任法》立法后，前三次审议稿都没有采纳他的这个建议，但是他没有放弃，撰写紧急建议提交，终被重视。

最终在当时的《侵权责任法》草案第 85 条增补了该条款，从而使通过的《侵权责任法》有了第 86 条的规定：“建筑物、构筑物或者其他设施倒塌造成他人损害的，由建设单位与施工单位承担连带责任。建设单位、施工单位赔偿后，有其他责任人的，有权向其他责任人追偿。”

……

2000 年，梁慧星在原“中国物权法研究课题组”基础上，成立“中国民法典立法研究课题组”。

2002 年 2 月，课题组完成侵权行为编和继承编，4 月 9 日完成总则编，4 月 13 日完成债权总则编，5 月中旬完成合同编，8 月中旬完成亲属编，加上之前完成的物权编，中国民法典草案全部完成，含 7 编 81 章 1947 个条文，并正式提交全国人大法制工作委员会。草案完成后，课题组继续为民法典条文附加说明、理由和立法例，编撰《中国民法典草案附理由》；2003 年，法律出版社出版《中国民法典草案建议稿》。[1]

[1] 《以笔为弋，力促〈物权法〉高票通过——为“私权”鼓与呼的民法学专家梁慧星》，载《上海法治报》2016 年 1 月 29 日 B7 版专版报道。

梁老师特别关心法院发展，关心法官成长。梁老师认为法官是法治的主力，法官正确运用法律，是公正司法的基本保障。梁老师还说，“我的法律知识中有相当一部分，来源于与法官的交流和对话。我对人民法院有特别的感情，对人民法院的工作也有一些思考”。几十年来，梁老师几乎走遍了中国绝大多数高级和中级法院，不知疲倦地为各级法院、各地法官讲授民法、法律解释和裁判方法等。[2]

[2] 来源：2014 年 12 月 26 日最高法院青年法官论坛。

1985 年 6 月 6 日，社科院法学所一行学者访问久保田铁工（株）堺制造所

梁慧星老师还是中日民商法交流二十年的开创人和亲历者，为我国民法学的中国式现代化担负起时代赋予的使命，不遗余力地努力着。

1985 年 4 月，梁老师和日本著名经济法学家金泽良雄（前排左二）等学者

1988 年 12 月，梁老师和日本东京都立大学教授野村好宏（左二）等学者

1988 年 12 月，梁老师和东京大学前校长、民法学家加藤一郎等学者

1989 年，梁慧星老师在日本

1992 年，梁慧星老师和王泽鉴教授

梁慧星老师和王泽鉴教授

海峡两岸法学泰斗高峰对话

93 4 1

1993年，梁老师在日本

1993年，梁老师和日本东北大学法学院前院长、民法学家铃木禄弥（前排左二）等学者

1994年，梁老师在日本

2004年11月，梁老师在中日韩民法会议

2005年6月，梁老师在中日民商法学研讨会

2019年，梁老师在中日民商法学研究会第十八届大会

寄语

梁慧星

快乐生活，快乐学习，

忠于国家，忠于正义！！

图书在版编目（CIP）数据

会心民法五十载 /《会心民法五十载》编委会编
. -- 北京 : 中国法制出版社 , 2023.5
ISBN 978-7-5216-3576-8
Ⅰ . ①会… Ⅱ . ①会… Ⅲ . ①民法 - 中国 - 文集
Ⅳ . ① D923.04-53
中国国家版本馆 CIP 数据核字 (2023) 第 095463 号

策划编辑：王彧
责任编辑：王悦　　书籍设计：李宁

会心民法五十载
HUIXIN MINFA WUSHI ZAI
编著 /《会心民法五十载》编委会编
经销 / 新华书店
印刷 / 北京虎彩文化传播有限公司
开本 /889 毫米 ×1194 毫米　16 开　　印张 /11　字数 /694 千
版次 /2023 年 5 月第 1 版　　2023 年 5 月第 1 次印刷

中国法制出版社出版
书号 ISBN 978-7-5216-3576-8　　定价：260.00 元

北京市西城区西便门西里甲 16 号西便门办公区
邮政编码：100053　　传真：010-63141852
网址：http://www.zgfzs.com　　编辑部电话：010-63141830
市场营销部电话：010-63141612　　印务部电话：010-63141606
（如有印装质量问题，请与本社印务部联系。）